VOZES DA PSICANÁLISE

Blucher

VOZES DA PSICANÁLISE

Clínica, teoria e pluralismo

Organizador

David B. Florsheim

VOLUME IV

1991-Atualidade

Vozes da psicanálise: clínica, teoria e pluralismo

Editora Edgard Blücher Ltda.

Publisher Edgard Blücher
Editor Eduardo Blücher
Coordenação editorial Jonatas Eliakim
Diagramação Thaís Pereira
Produção editorial Kedma Marques
Preparação de texto Bárbara Waida
Revisão Samira Panini
Capa Cristiano Gonçalo

Blucher

Rua Pedroso Alvarenga, 1245, 4º andar
04531-934 – São Paulo – SP – Brasil
Tel.: 55 11 3078-5366
contato@blucher.com.br
www.blucher.com.br

Segundo o Novo Acordo Ortográfico, conforme 6. ed. do *Vocabulário Ortográ ico da Língua Portuguesa*, Academia Brasileira de Letras, julho de 2021.

Dados Internacionais de Catalogação
na Publicação (CIP)
Angélica Ilacqua CRB-8/7057

Vozes da psicanálise: clínica, teoria e pluralismo: volume 4 / organizador David B. Florsheim. – São Paulo: Blucher, 2023.

p. 342

Bibliografia
ISBN 978-65-5506-801-6

1. Psicanálise I. Florsheim, David B.

23-1122 CDD 150.195

Índice para catálogo sistemático:
1. Psicanálise

Vós todos que tendes uma escola, que andaes sob a canga de uma orientação, que pertenceis a qualquer cousa que acabe em ismo, que sois quaesquer entes que acabem em ISTAS! Para quê o limite se para ser limitado basta existir?

Crear é libertar-se!

Crear é substituir-se a si próprio!

Crear é ser desertor!

Substituamos as personalidades à personalidade. Que cada um seja muitos! Basta de ser para si a primeira pessoa do singular de qualquer pronome ou verbo. Sejamos a Pessoa Absoluta do Plural Inconmensuravel. Menos que isto é a arte do passado!

Fernando Pessoa, *Prosa de Álvaro de Campos* (2012)

Conteúdo

Introdução

Diante dessa diversidade de abordagens contemporâneas... é improvável que qualquer abordagem coesa e unificada promova concordância entre a maioria dos profissionais de hoje. Em nossa opinião, porém, este é um desenvolvimento natural e desejável, como a história da psicanálise tem mostrado, uma vez que a discordância é um elemento vital de qualquer filosofia ou ciência próspera e inimiga do dogmatismo e da húbris.

Craig & Kastrinidis (2019, p. 72)

Os quatro volumes da Coleção Vozes da Psicanálise apresentam conceitos de exatos cem grandes autores deste campo do conhecimento. Como é sabido, tais autores podem possuir compreensões significativamente diferentes entre si no que se refere ao estudo do psiquismo. Se, por um lado, é possível colocá-los num mesmo conjunto (o da psicanálise), por outro as diferenças entre eles podem ser suficientes para questionarmos se não seria mais apropriado falar em "psicanálises". Mas por qual motivo existe uma diversidade tão grande nesse campo do conhecimento? Por que não há apenas uma explicação dominante, como ocorre nas ciências naturais? São muitas as razões que explicam isso, mas uma das principais se refere ao fato de não existir consenso sobre como se dá a relação mente/corpo.

O filósofo contemporâneo Colin McGinn (1993) aborda o fato de existirem enormes avanços em certas áreas do conhecimento, como a física, mas em outras, como a filosofia, parecemos andar em círculos. Nenhum cientista sério atualmente considera como verdadeiras a maior parte das explicações dos gregos antigos acerca do mundo natural. Porém, muitas questões filosóficas formuladas por eles continuam centrais nas reflexões atuais. Desse modo, se poderia perguntar algo como: por que somos tão bons em física e tão ruins em metafísica?[1]

De acordo com McGinn (1993), talvez simplesmente não tenhamos o aparato cognitivo necessário para entender certos temas. Assim como os cachorros têm a capacidade de comer as nossas lições de casa, mas, infelizmente, não conseguem resolvê-las, seres humanos poderiam ser desprovidos da capacidade de entendimento da relação mente/corpo e de outras grandes questões metafísicas. Porém, independentemente de o cérebro ter a capacidade de entender o próprio cérebro ou de a mente ter a capacidade de entender a própria mente, o fato é que continuamos tentando. O panorama atual de variadas compreensões existentes é o resultado de diversas tentativas de explicação, mas nenhuma delas é aceita universalmente.

Essa diversidade pode ser incômoda na medida em que escancara o fato de haver outras compreensões possíveis a respeito do mundo e do ser humano além daquelas adotadas por nós. Se, por

---

[1] "Física" sendo entendido aqui basicamente como sinônimo de ciências naturais (*Naturwissenschaften*) e "metafísica" como sinônimo de ciências humanas (*Geisteswissenschaften*), principalmente no que se refere ao estudo de grandes temas filosóficos.

um lado, um verdadeiro contato com a alteridade pode abalar a segurança em nosso conhecimento de senso comum, por outro ele tende a aumentar a visão crítica a respeito das próprias crenças. Lidar com outras formas de fazer as coisas e de compreender o mundo aumenta muito a probabilidade de entendermos o caráter arbitrário e socialmente construído de nossas "verdades". O fato de a filosofia – entendida justamente como um pensamento crítico e um questionamento do senso comum – ter sido criada pelos gregos antigos parece estar relacionado, entre outras coisas, ao contato deles com diversos povos do Mediterrâneo, por exemplo (Chaui, 2000).

Considerando, portanto, o fato de a diversidade incomodar, alguns tentam estabelecer quais dos entendimentos existentes seriam os mais verdadeiros ou os melhores. Definições assim parecem confortar espíritos menos críticos no que se refere a questões como: qual dos ao menos três mil deuses inventados pelos seres humanos é o correto (se é que há algum)? O que é ser um homem ou uma mulher (e o que é "coisa de homem" e "coisa de mulher")? Que critério adotar para estabelecer qual teoria sobre o psiquismo é a mais verdadeira? etc.

Para resolver questões como essas, muitos buscam um *Punctum Archimedis*, ou, em outras palavras, um tipo de sustentação ou de fundação na qual possam se apoiar para garantir a confiabilidade da crença adotada. O termo é derivado da seguinte frase atribuída a Arquimedes (287 a.C.-212 a.C.): "Dê-me apenas um ponto firme no qual me apoiar e moverei o mundo" (como citado em Knowles, 2004, p. 123). Apesar de Arquimedes estar se referindo a alavancas, René Descartes (1596-1650) utilizou essa ideia como uma analogia que continua presente na filosofia contemporânea. Descartes se preocupava com a possibilidade de o conhecimento adquirido pela humanidade poder ser fruto de ilusões criadas por algum gênio maligno.

Dessa maneira, ele buscou estabelecer pontos firmes para se apoiar, ou seja, crenças seguras para poder desenvolver o conhecimento a partir delas. Ele encontrou ao menos dois pontos firmes: a crença em Deus (cristão) e o fato de que se pensa, logo existe (Skirry, 2010).

A preocupação de Descartes com relação à confiabilidade do conhecimento foi mais tarde denominada "ansiedade cartesiana". Em sua essência, trata-se da concepção de que "ou existe um fundamento sólido o qual nos conduzirá à verdade, ou existe um relativismo radical segundo o qual 'vale tudo' (*anything goes*)" (Downing, 2000, p. 217). De um ponto de vista cartesiano, o pluralismo é por si só altamente ansiogênico, pois sustentar a possibilidade de várias respostas concebíveis para determinada questão dificulta o estabelecimento de fundamentos sólidos e inquestionáveis sob os quais se apoiar.

As ciências do psiquismo não conseguem obter algo que funcione universalmente como um *Punctum Archimedis*. Isso faz muitos profissionais sofrerem de ansiedade cartesiana, algo difícil de tratar em razão de normalmente não terem consciência desse sofrimento que os acomete. Mais especificamente no campo da psicoterapia, no qual existem literalmente centenas de abordagens diferentes, há, desde os tempos de Freud, uma forte tendência apontada por Karl Jaspers (1913/2003):

> *Para a maioria, a coesão é uma necessidade porque apenas ela pode permitir se atingir algo que se aproxime de uma autoridade objetiva, em nome da qual se exercita uma prática e pela qual se possa formar um sentimento de conhecimento absoluto e de superioridade com relação a outras seitas (p. 924).*

Como afirma a psicanalista contemporânea Donna Orange (2010) com relação ao campo da psicoterapia, grupos – como institutos de formação – frequentemente excluem, dominam e desautorizam as vozes dissidentes. Em outras palavras, eles buscam destruir a pluralidade de concepções para manter a coesão interna. Além disso, líderes de grupos assim detêm tal influência a ponto de se transformarem em verdadeiros gurus ou até mesmo líderes de seitas, sem qualquer exagero nos termos. Dessa maneira, "seduzidos por tais autoridades, tenham fama mundial ou local, talvez abandonemos nossa responsabilidade humana de pensar e de nos questionarmos" (Orange, 2010, pp. 4-5). Em contextos como esses, a fé no próprio grupo e em determinada autoridade, bem como o sentimento de superioridade, funcionam como um *Punctum Archimedis* que oferece a ilusão de objetividade.

O fato de o trabalho psicoterapêutico lidar com um tema sensível – o sofrimento psíquico –, mas normalmente não existirem protocolos objetivos para esse trabalho, faz com que os profissionais sintam falta de pontos de sustentação e busquem alguma forma de segurança. Inventar e manter autoridades idealizadas e inquestionáveis alivia os sintomas da ansiedade cartesiana. Porém, os efeitos colaterais frequentes dessa pílula são a obnubilação tanto da visão crítica como da própria visão clínica e, em casos mais graves, violências e xenofobia.

Nas introduções de cada um dos quatro volumes desta Coleção, procurou-se tanto argumentar contra atitudes dogmáticas que dificultam o diálogo entre diferentes como valorizar o pluralismo. A Coleção almeja oferecer um primeiro contato do leitor com novos entendimentos teóricos e clínicos de forma direta e acessível. Como se sabe, o interesse em autores e conceitos psicanalíticos é frequentemente despertado por meio de professores e supervisores que admiramos. Isso é natural e até mesmo desejável, porém, algumas vezes há um proselitismo mais ou menos disfarçado nesse processo que prejudica o pluralismo. A Coleção parte da ideia de ser interessante conhecer minimamente e avaliar criticamente o maior número possível de concepções clínicas e teóricas antes de nos dedicarmos mais profundamente a alguma(s) delas, ou mesmo após já termos nos aprofundado em alguma(s). É fato que os textos encontrados aqui não conseguirão por si só transmitir a riqueza e a complexidade do pensamento desses grandes psicanalistas. Entretanto, os textos poderão, quem sabe, despertar o interesse do leitor para que assim busque aprofundamentos posteriores.

Antes de finalizar essa introdução, há ainda um argumento interessante e que desafia a proposta da Coleção Vozes da Psicanálise. De acordo com Biagioli (1990), "quando aprender a linguagem do 'outro' implica adotar outra identidade socioprofissional, então ser bilíngue significa, num certo sentido, ser 'esquizofrênico'" (p. 205). O autor continua:

> *Se as visões de mundo e as grades linguísticas relacionadas podem ser desenvolvidas apenas pelos grupos que compartilham essas grades, então esses grupos devem se manter coesos a fim de tornar a atividade cognitiva possível. A falta de disposição para aprender a linguagem do "outro" será instrumental nesse processo se aprender essa linguagem implicar a perda da identidade socioprofissional. O cenário resultante da disposição de todos em aprender a visão de mundo do "outro" não seria caracterizado por uma ciência perfeitamente ecumênica e, em consequência, totalmente racional, mas sim pela ausência de diferentes grupos, disciplinas, paradigmas e – consequentemente – pela*

> *ausência da própria ciência. Portanto, é um tipo de equívoco de categoria pensar nas atitudes não comunicativas simplesmente como o efeito infeliz das contingências sócio-históricas. Longe de ser um obstáculo no caminho da atividade cognitiva, elas ajudam a prover um tipo de cinturão protetor e delimitador que torna a cognição possível (p. 207/208).*

De fato, existem vantagens na exclusão do diferente em nome de uma coesão interna de determinado grupo. A diminuição da ansiedade cartesiana e o aumento da ilusão de segurança e objetividade são bons exemplos disso, como vimos. Como afirma Thomas Kuhn (1962/1996), trabalhar no interior da ciência normal, ou seja, trabalhar no interior de um paradigma sem criticá-lo é uma das maneiras de fazer o conhecimento avançar, como a citação apresentada defende. No entanto, Biagioli (1990) refere alguns medos relacionados ao diálogo com o diferente. O medo de se tornar esquizofrênico, o medo de perder a identidade socioprofissional, e o medo de ficar catatônico e não conseguir desenvolver o conhecimento científico parecem ser os principais deles. Ora, como afirma Geertz (2001), "não há melhor tarefa para um estudioso do que destruir um medo" (p. 47), e o medo que queremos destruir com esta Coleção é o do diálogo com a alteridade.

Em primeiro lugar, ao que as pesquisas indicam, não parece haver evidências de que a mudança de identidade socioprofissional ou o diálogo entre profissionais torne alguém esquizofrênico. O diálogo pode ser um pouco enlouquecedor às vezes – isso nós realmente não podemos negar –, mas verdadeiramente psicotizar é um tanto diferente. Se o autor possui um entendimento mais etimológico do termo, ou seja, entende a esquizofrenia como uma "mente cindida", diríamos que de fato uma mente aberta ao diálogo pode acabar tendo cisões momentâneas. Dialogar verdadeiramente com o diferente costuma ser perturbador, no sentido de os nossos horizontes e, provavelmente, as nossas próprias identidades serem modificados. Como afirma Charles Taylor (2002), um importante filósofo da hermenêutica filosófica:

> *Realmente assimilar o outro vai envolver um deslocamento de identidade em nós. É por essa razão que frequentemente isso é tão resistido e rejeitado. Nós temos um profundo investimento de identidade nas imagens distorcidas que cultivamos dos outros (pp. 140-141).*

Voltando à resposta aos medos de Biagioli (1990), podemos afirmar, em segundo lugar, que o medo de perder a identidade profissional é complexo, pois, como enunciamos anteriormente, existe "a psicanálise" ou "as psicanálises"? Interessar-se pelo pensamento de novos autores envolve necessariamente o risco de entrarmos numa espécie de anomia? Nossa resposta é que provavelmente sim, mas questiona-se: isso é necessariamente algo ruim? O diálogo autêntico pode afetar algum *Punctum Archimedis* a que somos apegados e, portanto, se a nossa própria identidade estiver construída e assegurada sobre uma fundação assim ("sou lacaniano", "sou bioniano" etc.), ela realmente poderá ficar abalada. O argumento é o seguinte: definir a própria identidade de forma rígida e "arquimédica", a partir da idealização de alguma autoridade, é rejeitar o pluralismo da psicanálise. A nosso ver, isso a prejudica enquanto teoria, método de tratamento e método de pesquisa, além de distanciá-la de outros saberes.

Por fim, em terceiro lugar, o medo de uma catatonia científica ao dialogarmos com o diferente não se confirma em razão da própria história da psicanálise. Freud dialogou com a medicina, a filosofia, a literatura, a psicologia das multidões e vários outros campos do conhecimento para criar a psicanálise. Lacan dialogou com a linguística, a antropologia, a filosofia, a literatura, além de diversos autores da própria psicanálise para criar uma escola extremamente influente. A psicanálise contemporânea dialoga com ainda mais "vozes". Ou seja, a história aponta para o fato de a troca intelectual com outros modelos explicativos e entre os diferentes autores ser bastante frutífera para a psicanálise.

Alguns conceitos de cem grandes psicanalistas estão contemplados nesta Coleção e ainda assim há muitos autores importantes faltando. Isso indica a dimensão da diversidade existente nesse campo do saber. Obviamente seria impossível alguém conhecer e se aprofundar nas concepções de tantos autores (e esse nunca foi o objetivo da Coleção). Porém, escutar vozes diferentes possibilita aumentar nossos horizontes de compreensão, que muitas vezes tendem a se fechar.

Nicholas Rescher (2005), em seu livro intitulado *Pluralism: against the demand for consensus*, afirma por meio de diversos argumentos que o "consenso não é um critério de verdade, não é um padrão de valor, não é um índice de adequação moral ou ética, não é um requisito para a cooperação, não é um imperativo comum para uma ordem social justa e não é, por si só, um ideal apropriado" (p. 199). Podemos reafirmar, portanto, que a pluralidade existente na psicanálise deve ser vista não como uma característica típica de uma ciência imatura, mas justamente como sua maior riqueza, a qual podemos acessar sempre que quisermos desenvolver nossa sensibilidade clínica. Talvez não sejamos tão ruins em metafísica, afinal de contas.

Sobre a Coleção

Seguem algumas informações a respeito da Coleção para que seus critérios de organização e objetivos fiquem mais claros

- É dirigida principalmente a clínicos e não possui uma abordagem acadêmica convencional. Seu objetivo é promover a diversidade – as diversas vozes – da psicanálise, almejando que o leitor se interesse por novas compreensões clínicas. As indicações de leitura presentes ao fim de cada capítulo visam oferecer caminhos para um aprofundamento posterior nos conceitos apresentados.

- Cada um dos capítulos apresenta o desenvolvimento de um conceito de algum psicanalista mundialmente conhecido. A articulação com a experiência clínica, um limite máximo de caracteres e a busca por clareza estão presentes em todos os textos.

- As ilustrações clínicas foram escritas levando-se em consideração um rigoroso cuidado ético com o sigilo, de modo a não expor informações que identifiquem as pessoas envolvidas. Como é sabido, a transmissão de conhecimento via narrativas clínicas tem sido fundamental na história da psicanálise.

- A Coleção apresenta um recorte da diversidade da psicanálise e, portanto, não pretende contemplar toda a riqueza de 120 anos de desenvolvimento teórico e clínico. Assim, foram selecionados apenas alguns conceitos e autores, de modo que a ausência de algum destes não implica um desmerecimento ou um desconhecimento de sua importância. Buscou-se incluir o maior número possível de autores importantes da psicanálise nos limites da Coleção, mas todo recorte possui um caráter arbitrário, é claro.

- A classificação dos volumes da Coleção em períodos históricos foi realizada estabelecendo uma data média das principais publicações dos autores. Freud, por exemplo, inicia suas publicações psicanalíticas oficialmente com *A interpretação dos sonhos* (1900) e sua última grande obra é *Moisés e o monoteísmo* (1939). Desse modo, a média aproximada para esse autor é o ano de 1919 e, por isso, ele está no Volume 1 da Coleção (1900-1942). Assim foi feito com os demais.

David B. Florsheim
Organizador

Referências e indicações de leitura

Biagioli, M. (1990). The anthropology of incommensurability. *Studies in History and Philosophy of Science, 21*(2), 183-209.

Chaui, M. (2000). *Convite à filosofia*. Ática.

Craig, E., & Kastrinidis, P. (2019). Method and practice: daseinsanalytic structure, process, and relationship. In E. V. Deurzen, E. Craig, A. Längle, K. J. Schneider, D. Tantam, & S. D. Plock (Eds.), *The Wiley world handbook of existential therapy* (pp. 68-82). Wiley Blackwell.

Downing, J. N. (2000). *Between conviction and uncertainty: philosophical guidelines for the practicing psychotherapist*. State University of New York Press.

Geertz, C. (2001). *Nova luz sobre a antropologia*. Jorge Zahar.

Jaspers, K. (1913/2003). *Psicopatologia geral: psicologia compreensiva, explicativa e fenomenologia*. Atheneu.

Knowles, E. (Ed.). (2004). *The Oxford Dictionary of Quotations*. Oxford University Press.

Kuhn, T. S. (1962/1996). *The structure of scientific revolutions* (3rd ed.). The University of Chicago Press.

McGinn, C. (1993). *Problems in philosophy: the limits of inquiry*. Blackwell.

Orange, D. (2010). *Thinking for clinicians: philosophical resources for contemporary psychoanalysis and the humanistic psychotherapies*. Routledge.

Rescher, N. (2005). *Pluralism: against the demand for consensus*. Oxford University Press.

Skirry, J. (2010). *Compreender Descartes*. Vozes.

Taylor, C. (2002). Gadamer on the human sciences. In R. J. Dostal (Ed.), *The Cambridge Companion to Gadamer*. Cambridge University Press.

ANDRÉ GREEN (1927-2012)

1. Criatividade e o objeto transnarcísico

Adriana Barbosa Pereira

A obra autoral de André Green é vasta e inclui um profundo interesse pela metapsicologia dos processos criativos e estéticos tanto de quem cria como do apreciador. Na rede conceitual que o psicanalista utiliza para pensar o criável e seus limites, o incriável, Green (1994) formula que "A obra é o resultado de uma transferência de existência... Há uma transferência do narcisismo do criador para um *objeto transnarcísico*" (p. 246). Segundo o psicanalista, é clara a implicação narcísica nos processos criativos, que coloca a existência da obra como uma necessidade psíquica do eu.

Toda a discussão sobre a criatividade é sustentada pela premissa de que a criação não necessariamente é artística, no sentido do que é considerando culturalmente como arte. A experiência estética é comum à humanidade, ainda que refinada nas artes. Para Green, a criação começa quando, depois de conseguir pôr o ego em contato com o núcleo materno,[1] na sequência é vedada a relação direta com o corpo da mãe, mantendo-se uma ligação afetiva como fonte

[1] Aqui mãe não se restringe à mãe biológica ou exclusivamente a uma mulher.

criativa. O desejo dos cuidadores insufla o filho capaz de se tornar um ser criativo.

A partir da influência de Winnicott no pensamento de Green, sobretudo na noção de criatividade primária, o embaraço do processo criativo é análogo ao embaraço da constituição do eu que tem como resultado a constituição de uma imagem, como uma ficção verdadeira de si mesmo. Tanto no campo da arte quanto nas identificações primárias, há uma dimensão de ilusão. Reconhecemos a importância de que essa ilusão ganhe formas materializáveis de fazer e de criar, sem as quais todo afeto é uma presa disforme na angústia. O encontro-desencontro com a materialidade abre um campo transnarcísico, para além do eu, para toda a criação.

Green (1994) pensa que a sensibilidade, ligada indiretamente às relações arcaicas com o corpo da mãe que experimenta o criador, é de início flexível, como no fazer espontâneo das crianças, que pouco a pouco vai elegendo seus materiais e formas privilegiadas: "no percurso da educação dos sentidos dos adultos, indo ao encontro desse núcleo materno ou deixando-se dominar pelo seu lado nativo [tal sensualidade] dará à luz a uma matéria que necessita ser esboçada" (p. 253). A criatividade é tomada como elemento que permite ser, "ou seja, é a mãe[2] que insufla no filho o desejo de viver por processo análogo àquele que descrevo como transferência de existência na criação artística" (p. 265). O trabalho da obra "permanece o mais próximo possível desse núcleo, enquanto [o criador] fica observando de longe, com olhar benevolente, porém crítico, para censurar, modificar, refazer incansavelmente sua aparência até o momento em que a obra se torna representação apresentável... está formada" (p. 253).

---

2 Mais uma vez a "mãe" aqui deve ser tomada como uma metáfora de quem faz função desejante e identificatória na constituição subjetiva de um ser.

Para Green, o criador e o histérico não se entregam facilmente, nunca desistem do objeto. Estão enlaçados com o objeto incestuoso. A diferença é que o histérico está amarrado ao seu passado como prisioneiro, enquanto o criador faz dessa amarração um fio de ligação que permite transfigurar a experiência e o passado a ponto de criar dele uma metáfora, mais do que um reencontro de vidas passadas. O histérico sonha em reencontrar o objeto perdido; o criador já perdeu parcialmente seu objeto, e encontrou na obra e no fazer formas substitutivas de experiência com o objeto. Essa distinção tão elucidativa deve ser usada sem idealizações, pois são inúmeros os depoimentos de artistas que dizem de processos compulsivos, disruptivos e angustiantes, não só presentes, como também fundantes dos processos criativos, ainda que o tratamento da perda do objeto seja diferenciado justamente pelas condições de transformação, materializáveis na experiência estética artística ou comum (Pereira, 2013).

Segundo Green (1994), "A arte é essa tentativa desesperada de fazer o sujeito durar, de oferecer às estações futuras o prazer nos concertos das obras – 'O Almoço na Relva' não passa de um quadro. O imperecível da arte supera a inelutável mortalidade dos seres" (p. 260).

Vamos a um fragmento clínico. Lembro-me de uma paciente que havia interrompido seu trabalho artístico autoral na juventude. Apesar de ter trabalhado longamente na produção de arte, não o fazia como artista. Muitos anos depois, muito próxima de uma experiência de luto, a morte de um jovem amigo da família, cuja idade era muito próxima à de sua filha, ela decide que o desejo de um trabalho autônomo e criativo não pode mais ser adiado. Livre de uma angústia que lhe inibia o corpo e a trouxera para a análise, seu processo criativo a leva à sua cidade natal, suas histórias de origem em trabalhos artísticos concretos. A experiência com a morte do jovem e seus efeitos paradoxais a fez reconhecer as zonas desvitalizadas do seu corpo e do seu psiquismo e o revitalizar-se não podia mais ser adiado. O trabalho transnarcísico com a obra não inibiu, mas deu tratamento aos efeitos de outro modo mortífero da finitude.

Em outro polo, vemos situações nas quais os processos criativos implicam um tal risco de que a existência da obra venha a ser maior que a existência do ser. Evidencia-se assim o paradoxo em que a criatividade pode colocar alguém, como descreve Carvalho (2006) na análise da poesia de Silvia Plath, sobre a toxidez do processo sublimatório, como no trabalho desta autora, que se suicidou. O processo criativo, como o estado de apaixonamento, não só investe no objeto de amor, como infla o sujeito em seu narcisismo, submetendo-o aos riscos dessas investidas libidinais maciças e de difícil manobra. Os riscos dos processos sublimatórios são envolver o sujeito em uma paixão sem retorno, e em uma transferência narcísica excessiva que esvazia o eu. Podemos dizer que esses processos estão em jogo, obviamente se não tomados como causalidade única, nos suicídios de artistas em plena produção.

O transnarcísico na obra está presente vitalizando ou intoxicando o sujeito, mas nos dois casos faz o eu sobreviver para além da finitude do ser. Há uma transferência da existência. Os trabalhos são capazes de "enganar"[3] a morte.

Referências e indicações de leitura

Carvalho, A. C. (2006). Limites da sublimação na escrita literária. *Estudos de Psicanálise*, (29), 15-24.

[3] Faço referência aqui ao livro de Ricardo Azevedo, *Contos de enganar a morte* (Ática, 2003).

Green, A. (1993/2010). A sublimação: do destino da pulsão sexual ao serviço da pulsão de morte. In A. Green, *O trabalho do negativo*. Artmed.

Green, A. (1994). *O desligamento: psicanálise, antropologia e literatura*. Imago.

Pereira, A. B. (2013). O incriável e o criável: considerações sobre a sublimação e a experiência estética a partir de André Green. *Percurso, 49/50*, 89-99.

Pereira, A. B. (2014). *Da experiência estética para a experiência psicanalítica: reverberações entre força, figura e sentido* [Tese de doutoramento, Instituto de Psicologia da Universidade de São Paulo]. https://www.teses.usp.br/teses/disponiveis/47/47132/tde-01102014-124535/pt-br.php.

2. Limite

Berta Hoffmann Azevedo

Por que André Green tornou-se um grande autor? Embora tenha sido capaz de abordar muitos temas ao longo de uma obra de 50 anos, é ao redor das problemáticas-limite que Green ofereceu suas maiores contribuições à psicanálise. Precisamente com base nas situações clínicas que impunham limite à analisabilidade, construiu uma obra que buscava estender o campo clínico psicanalítico nessa direção. Em sua pena, o limite começou a ser pensado descritivamente – pelo impasse – e foi alçado a um conceito, cuja proposição metapsicológica permite acompanhar seu funcionamento e suas condições de instauração. "Proponho estudar aqui o conceito de limite, pois tenho o sentimento de que, por trás da expressão casos-limite, esconde-se, de fato, um conceito" (Green, 1976/2017, p. 104). Levanta, assim, uma formulação teórica a partir de um problema clínico e técnico.

Em "O analista, a simbolização e ausência no enquadre analítico", proferido como plenária do congresso de Londres em 1974, ao afirmar haver uma crise na psicanálise, ele a relaciona à insuficiência dos modelos pós-freudianos para responder ao desafio imposto pelos casos-limite, matriz clínica da psicanálise contemporânea. No diálogo com psicanalistas de sua geração, constata que as dificuldades que encontrava para instaurar um enquadre capaz de favorecer o trabalho de representação eram compartilhadas. Seria preciso pensar sobre os determinantes dessa impossibilidade para utilizar o enquadre como ambiente facilitador, além de conceber manejos capazes de promover condições de possibilidade de transformação dessa dinâmica em sessão. O caminho de resposta para essas questões passa pela concepção de limite.

Ainda que trabalhe com a noção de casos-limite e proponha modelos para o funcionamento-limite, Green não considera que uma abordagem psicopatológica seja a mais interessante. Prefere pensar num limite do analisável e para isso refere-se ao par analítico e à noção de enquadre. O caso-limite, além disso, não permite uma descrição homogênea de sua problemática, correspondendo mais à imagem de um continente que à de um país.

Em 1982, o autor apresenta sua concepção tópica de "duplo limite", uma delimitação tanto intersubjetiva (entre dentro e fora) quanto intrapsíquica (entre os sistemas Pcs-Cs e Ics). Em sua formulação sobre o duplo limite, ganha evidência a necessidade de sua construção não garantida, bem como a possibilidade de problemas nessa tarefa, a partir do duplo conflito, pulsional e identificatório (com as próprias pulsões e com o objeto e suas pulsões). Quer dizer, é preciso construir as fronteiras intrapsíquicas e também delimitar o dentro e o fora, e a qualidade das vivências junto ao objeto determinará a consistência e o funcionamento das trocas nesses espaços. Quando o conflito é vivido nas fronteiras do eu, as defesas para vigiar as ameaças tornam o paciente um limite móvel, alguém engajado em se proteger contra atravessar ou ser atravessado. Uma parte do conflito passa a ser experimentada no território de troca com o outro, para resguardar uma integridade territorial.

> *O que é o limite de alguém? O envelope da pele vem imediatamente ao espírito. Por mais evidente que isso possa parecer, não devemos esquecer que nosso continente pele é descontínuo. O tecido cutâneo é interrompido por outros tecidos: ele é esburacado. Esses buracos desempenham o papel de portas, ou, melhor, de postos de alfândega (Green, 1976/2017, p. 106).*

Limite, é bom ressaltar, não se assemelha a uma linha divisória, mas a toda uma "zona de transformações entre o dentro e o fora, assim como entre as instâncias psíquicas" (Green & Urribarri, 2019, p. 28). Não há nítida divisão em nenhum desses territórios, nem a possibilidade de um psiquismo sem limites. O aspecto tópico de espaços precisa ser complementado pelos pontos de vista econômico e dinâmico, uma vez que esses espaços são animados por movimentos, e os limites sofrem variações e se deslocam. O limite é sempre móvel, não exclusivamente nas patologias graves. O interesse, portanto, não recai apenas sobre a consistência e a estrutura do limite, mas também sobre o modo de circulação nessas fronteiras: o funcionamento dos limites.

Um pequeno exemplo clínico: uma paciente adolescente sofria de intensas crises de angústia paralisantes e pensamentos que a assediavam para que se jogasse nos trilhos do metrô. A intensidade do que a tomava diante de certas pressões familiares despertava-lhe uma inundação pulsional que a impedia de lembrar-se dos motivos dos confrontos, embora a mantivesse ciente da sensação de caos que a lançava em tentativas de apaziguá-la com a lâmina cortando seu corpo, movimento pelo qual resgatava notícias mínimas de si e de seu limite por meio da dor.

As invasões que ameaçavam desbordá-la não provinham apenas das relações intersubjetivas, sendo também capazes de promover uma comoção pulsional ameaçadora da organização das fronteiras do eu, desesperadamente resgatadas por meio da superfície corporal e da sensação de dor física.

O conceito de limite em suas múltiplas dimensões é desenvolvido por Green ao longo dos anos e dos diferentes artigos trabalhados pelo autor, e esse desenvolvimento pode ser bem acompanhado no livro que reúne alguns deles: *A loucura privada: psicanálise de casos-limite*.

Referências e indicações de leitura

Green, A. (1976/2017). O analista, a simbolização e a ausência no enquadre analítico. In A. Green, *A loucura privada: psicanálise de casos-limite*. Escuta.

Green, A. (1977/2017). O conceito de limite. In A. Green, *A loucura privada: psicanálise de casos-limite*. Escuta.

Green, A. (1979/2017). A psicanálise e o pensar habitual. In A. Green, *A loucura privada: psicanálise de casos-limite*. Escuta.

Green, A. (1980/2017). Paixões e destinos das paixões. In A. Green, *A loucura privada: psicanálise de casos-limite*. Escuta.

Green, A. (1982/2017). O duplo limite. In A. Green, *A loucura privada: psicanálise de casos-limite*. Escuta.

Green, A. (1990/2017). Conceituações e limites. In A. Green, *Conferências brasileiras de André Green*. Imago.

Green, A., & Urribarri, F. (2019). *Do pensamento clínico ao paradigma contemporâneo: diálogos*. Blucher.

3. O narcisismo negativo/narcisismo de morte

Marianna Tamborindeguy de Oliveira

O narcisismo negativo ou de morte trata do desinvestimento radical, expressão da pulsão de morte em seu aspecto destrutivo, que recai sobre o próprio eu, promovendo uma redução narcísica e um isolamento frente à vida. Pode ser pensado como uma busca da indiferença por meio do ataque ao investimento objetal, sempre causa de desprazer e, portanto, de tensão psíquica (Garcia, 2010).

Para compreendermos melhor a dimensão dessa ideia, será preciso passarmos brevemente pelo modo como André Green retoma e desenvolve alguns conceitos freudianos. Em sua teoria, Green se debruça longamente sobre os destinos do narcisismo e da pulsão de morte (trabalho do negativo) na constituição subjetiva, dando-lhes um lugar central. Junto com esses conceitos, inclui o objeto primário como fator primordial no desencadeamento da destrutividade psíquica. Contribui de forma original para a construção de alicerces teórico-clínicos, numa visada de imbricação entre as dimensões da pulsionalidade e relacional, para compreensão e manejo dos chamados casos-limite.

Green (1988a) considera o narcisismo primário de Freud como estrutura fundamental do aparelho psíquico. Se Freud (1920/2006) postula uma ligação primeira, fundamento para a instauração do princípio de prazer, a hipótese de Green é que o narcisismo primário é o agente necessário desse processo (Urribarri, 2010). O narcisismo primário, portanto, pode ser tomado como uma espécie de escudo protetor contra as intensidades internas, enquanto agente de ligação, indispensável à saúde psíquica. Esses apontamentos de Green sobre o texto freudiano de 1920 devem ser contextualizados. Diferentemente de Freud, Green não acredita na pulsão de morte como um princípio autodestrutivo inerente ao organismo, pensando seu papel desestruturante como efeito de contingências na relação com o objeto. Propõe que ela seja entendida como da ordem do desinvestimento, cumprindo o que ele chama de função desobjetalizante (Green, 1988a).

É por este caminho que Green (2010) desenvolve o trabalho do negativo, no qual a pulsão de morte tem função estruturante do psiquismo, no que diz respeito à construção dos limites intrapsíquicos (id, eu e supereu) e intersubjetivos (eu e o outro). Embora devamos supor o movimento da pulsão de morte que deflagra o trabalho do negativo, para que esse trabalho persista e produza seus efeitos estruturantes é fundamental que um "objeto absolutamente necessário" (p. 301) cumpra seu papel. A saber, tornar a pulsão tolerável, dar-lhe um território, que a um só tempo limita e estimula sua ação. Se o objeto está ausente ou presente demais, ele invade o sujeito e, ao invés de tornar a dinâmica pulsional transigível, torna-a ainda mais intolerável (Green, 1988a, 2010).

Afora isso, o objeto deve se deixar apagar (Green, 1988a), posto que sua ausência é fundamental para a estruturação psíquica, para que advenha uma nova relação com a realidade, com a abertura de espaço para outros investimentos. A perda é necessária para que o objeto primário possa ser internalizado como "estrutura enquadrante" do psiquismo, constituindo o espaço necessário da ausência para a organização do narcisismo primário e da própria capacidade de pensar. Essa perda estruturante não pode ser abrupta, mas gradual o suficiente para nem se fazer sentir como tal. A qualidade da relação com o objeto primário é condição para que a ausência possa se estabelecer de forma positiva. Desse modo, o trabalho do negativo se apresenta por meio de uma relação indissociável entre pulsão e objeto.

Retomando a função desobjetalizante da pulsão de morte, em sua forma primordial, o desinvestimento se dá sobre o próprio processo de ligação e, em seguida, sobre os seus componentes (representações, objetos). No limite, entretanto, pode afetar os próprios alicerces organizadores do psiquismo, desinvestindo a própria estrutura e unidade narcísica primária, redundando no que Green chama de narcisismo de morte ou negativo (Urribarri, 2010). Trata-se de uma "aspiração ao nível zero, expressão de uma função desobjetalizante que não se contentaria em recair sobre os objetos ou seus substitutos, mas sobre o próprio processo objetalizante" (Green, 1988b p. 66). O narcisismo negativo, portanto, seria uma medida defensiva radical ante a intrusão traumática do objeto que, por sua vez, detona a manifestação destrutiva da pulsão de morte. Há um empenho promovido na direção de uma satisfação narcísica, preferível àquela submetida à dependência do objeto e de suas manobras aleatórias.

Ao mesmo tempo ocorre um movimento de retração narcísica numa tentativa de garantir minimamente a unidade psíquica ameaçada pelos sentimentos de intrusão exacerbados, relativos tanto aos objetos quanto às pulsões. A intensidade do investimento narcísico é proporcional à força da decepção promovida pelo objeto (Green, 1988a). Paradoxalmente, a retração narcísica por efeito do desinvestimento da pulsão de morte acaba por incidir sobre a própria estrutura narcísica primária, desfazendo as ligações necessárias à manutenção da integridade do eu. A redução radical da função objetalizante caminha junto ao empobrecimento egoico, empobrecimento da vida, caracterizando o narcisismo negativo ou de morte (Green, 1988a, 1988b; Urribarri, 2010).

Na clínica, esse fenômeno pode se apresentar por meio da comunicação de experiências de vazio, somatizações, passagens ao ato e à reação terapêutica negativa. Os pacientes que apresentam um narcisismo de morte frequentemente realizam ataques ao enquadre e flertam com uma transferência negativa. A dificuldade de simbolização premente aponta para um processo de cisão mais radical que o recalque, dificultando a historicização, na medida em que a fala se dirige à dimensão atual. O objeto intrusivo ocupa de modo intenso o espaço interno e o que se verifica não é uma angústia de castração tal qual nas neuroses, mas uma dupla angústia: de intrusão e de separação, tornando o manejo transferencial bastante delicado.

Como exemplo, um paciente para quem a vida girava em torno de práticas meditativas, descritas por ele como único momento em que se sentia verdadeiramente bem. Queixava-se frequentemente das poucas pessoas com quem convivia, que ora se faziam demasiadamente presentes, ora não o procuravam, e dizia que preferia a companhia de seu gato. O silêncio tomava grande parte das sessões e o discurso tinha uma natureza descritiva dos dias que antecediam nosso encontro. Quando perguntado sobre seu histórico familiar, parecia não entender do que tratava a pergunta. Alguns anos foram necessários para que o trabalho de construção de uma narrativa tivesse lugar, possibilitando algo de uma elaboração da perda precoce de sua mãe, da relação violenta com a tia materna que o criou e da ausência do pai.

Referências e indicações de leitura

Freud, S. (1920/2006). Além do princípio de prazer. In S. Freud, *Obras psicológicas de Sigmund Freud* (Vol. 2). Imago.

Garcia, C. A. (2010). Trauma e narcisismo negativo: questões para a clínica contemporânea. In M. R. Cardoso & C. A. Garcia (Orgs.), *Entre o eu e o outro: espaços fronteiriços*. Juruá.

Green, A. (1988a). *Narcisismo de vida, narcisismo de morte*. Escuta.

Green, A. (1988b). *A pulsão de morte*. Escuta.

Green, A. (2010). *O trabalho do negativo*. Artmed.

Urribarri, F. (2010). André Green: paixão clínica, pensamento complexo. Em direção ao futuro da psicanálise. *Contemporânea - Psicanálise e Transdisciplinaridade*, (10), 11-43.

4. O enquadre interno do analista

Martina Dall'Igna de Oliveira

O hiato sempre existente entre a teoria e a prática clínica é o que permite que a psicanálise siga se desenvolvendo, afirma o psicanalista André Green (2002/2014). Green desenvolve sua obra a partir da escuta clínica de casos que escapam à nomenclatura diagnóstica clássica de neurose, psicose e perversão. O autor afirma que "os casos-limite, os transtornos narcisistas, as patologias psicossomáticas, em suma, o predomínio de estruturas não neuróticas, suscitaram a emergência de uma nova clínica" (Green & Urribarri, 2015, p. 94) e, dessa forma, a necessidade de "reconfigurar a teoria da técnica e colocar em dia o método analítico" (Green & Urribarri, 2015, p. 21).

A partir de suas formulações teóricas calcadas no par pulsão-objeto, André Green (2002/2014) discorre sobre as possibilidades de analisabilidade desses casos, a partir da sua concepção das não neuroses. Para esse psicanalista, a primeira tópica freudiana fornece os elementos para a análise das neuroses, que têm seu modelo na associação livre, no enquadre clássico, na análise do sonho e na interpretação. Nessa perspectiva, possui o *modelo do sonho* como seu paradigma – o relato do sonho possibilita o acesso ao trabalho do sonho (tríade sonho/relato/interpretação) – e entende o enquadre como um espaço em que o mundo representacional é posto em cena, via transferência. Assim, é neste espaço, é este dispositivo – frequência e duração das sessões, uso do divã, suspensão da motilidade, posição do analista fora do campo de visão do paciente – que possibilita a instauração de um diálogo e de um espaço potencial que, nesse modelo, viabiliza a diminuição da censura e privilegia a associação livre, por parte do paciente, e a atenção flutuante, por parte do analista. Tem-se, aí, o enquadre como um ambiente facilitador para a interpretação do sonho, dos conteúdos recalcados e da sexualidade infantil.

Porém, tal dispositivo é tensionado por sujeitos cujos padecimentos psíquicos não possuem a representação psíquica e a ação do recalcamento como forma prevalente de lidar com o pulsional. A força das moções pulsionais, que se descarregam via atuações e somatizações, levaram Green a propor condições necessárias para a interpretação destes casos, denominados não neuroses pelo autor. Nas não neuroses, situamo-nos mais além da representação, onde a *moção pulsional* da segunda tópica freudiana torna-se central e a representação da pulsão é apenas um dos destinos possíveis – e, nesses casos, não o mais importante. Visto que o trabalho analítico com esses sujeitos não tem como partir de conteúdos representados (pois no lugar do sonho, do retorno do recalcado e da fantasia, é o ato que ocupa um lugar central), o modelo do sonho torna-se insuficiente, pois tais pacientes "não podem utilizar o enquadre como ambiente facilitador" (Green, 1990/2015, p. 68). Assim, afirma Green, estamos frente a um novo modelo, calcado na problemática pulsão/descarga ou elaboração representativa: "o irrepresentável constitui uma dimensão essencial... na qual o ato ocupa o lugar paradigmático que antes era ocupado pelo sonho" (Green & Urribarri, 2015, p. 50).

Em resposta a essa problemática, o psicanalista propõe o *modelo do ato* em contraposição ao *modelo do sonho*, a fim de viabilizar a analisabilidade de tais sujeitos. Não sendo o paradigma dominante o sistema representativo, mas uma dinâmica evacuativa que, via atuações e somatizações, determina a dinâmica transferencial, o enquadre "clássico" é posto em xeque: as moções pulsionais "provocam estragos na capacidade de ligar e representar, e, pela mesma via, de associar e analisar" (Green & Urribarri, 2015, p. 80).

Em sua proposta de *modelo do ato*, Green sustenta que a escuta analítica tem como principal eixo a força pulsional, tendo como referência a descarga e não (apenas) a representação. Visto que o enquadre "clássico" não é viável para muitos pacientes cuja capacidade de associar livremente é falha, o autor defende que tal enquadre deve se conservar no analista, isto é, ele precisa estar internalizado neste. Tal internalização depende tanto da análise pessoal do analista quanto de sua prática clínica, cuja experiência acumulada com seus próprios pacientes provoca uma "descentralização a respeito de sua própria análise" (Green & Urribarri, 2015, p. 89).

Assim, Green defende que o *enquadre interno* constitui uma matriz simbólica, aberta à singularidade do outro, e que, frente a estruturas não neuróticas, é o que possibilita a instauração de um diálogo e de um "espaço potencial que permita a passagem de uma repetição mortífera à representação, dando lugar, assim, a um processo de transformação – e de estruturação – subjetiva" (Green & Urribarri, 2015, p. 90). Green (1990/2015) defende que é por meio de tal matriz simbólica que o analista poderá conservar em si – quando não há tal condição psíquica no paciente – a condição de imaginar, figurabilizar a destrutividade que põe em xeque o processo de análise e, a partir de tal constatação, pensar em tais impasses não como um limite, mas como a possibilidade "de descobrir coisas novas" (p. 148). Assim, a noção de *enquadre interno*, para Green, é calcada na importância que adquire o par pulsão-objeto em seu pensamento teórico-clínico: pois, frente a situações de impasse em um processo analítico, cabe ao analista, em sua condição de objeto, apresentar uma possibilidade de ligação pulsional, de transformação da força pulsional não ligada em ligada.

Para que tal possibilidade aconteça, a subjetividade do analista torna-se de fundamental importância em situações clínicas nas quais se fazem necessárias variações no enquadre. Tomemos como exemplo uma hipotética situação clínica, em que um jovem paciente hipertenso busca análise pois tem dificuldades severas para dormir. Ele se recusa a deitar no divã, alegando que se perderia em seus pensamentos e duvidaria da presença atenta do analista. Assim, modificações ao enquadre clássico se fazem necessárias: a necessidade da posição frente a frente assinala a dificuldade do paciente em suportar o "analista ausente do campo visual, que justamente busca promover o trabalho de representação, que se opera em uma ausência... ao analista então caberá um trabalho de figuração e imaginação" (Green & Urribarri, 2015, p. 69).

Ao longo das sessões, o jovem costumava relatar os acontecimentos de seu dia a dia de forma cronológica. Sua fala, nunca acompanhada de afeto ou angústia, é entendida pelo analista como um meio de descarga para as tensões pulsionais, e desprovida de alcance simbólico. Chega um dia à sessão queixando-se de ter passado a noite em claro sem conseguir dormir, e, muito agitado, segue com o relato de sua rotina: conta que a mãe havia sido diagnosticada com um câncer em fase terminal no dia anterior. Nesse momento, o analista faz uma intervenção: "E você não ficou com medo da possibilidade da morte dela? Eu teria muito medo, talvez até perdesse o sono". Após um longo silêncio, o jovem diz que a fala do analista o fez se dar conta de que a mãe sempre foi hipertensa e, durante a infância dele, foram inúmeras as hospitalizações dela, que provocavam nele uma tristeza insuportável frente à falta que ela fazia. Intervenções como essa oferecem ao paciente uma possibilidade de imaginar a partir da própria subjetividade do analista, apresentando uma possibilidade de ligação pulsional e possibilitando que o enquadre analítico venha a ser um espaço potencial de processos de simbolização.

Referências e indicações de leitura

Green, A. (2002/2014). *El pensamiento clínico.* Amorrortu.

Green, A. (1990/2015). *De locuras privadas.* Amorrortu.

Green, A., & Urribarri, F. (2015). *Del pensamiento clínico al paradigma contemporáneo: conversaciones.* Amorrortu.

ANDRÉ GREEN (1927-2012) E JEAN-LUC DONNET (1932-2022)

5. Sr. Z e a psicose branca

Bruna Paola Zerbinatti

Não é possível falar sobre psicose branca, conceito criado por Jean-Luc Donnet e André Green (1973/2015) sem remetê-la a um caso clínico, já que foi este o grande motivador de toda a teorização.

Com efeito, a conceituação da psicose branca provém de uma análise bastante detalhada de uma única entrevista com Z, paciente do hospital Sainte-Anne em Paris.[1] Em um projeto inicialmente mais abrangente, que comportava a gravação de uma série de entrevistas com pacientes do hospital, a discussão da equipe sobre a entrevista, suas respectivas transcrições e uma elaboração a propósito das discussões e entrevistas, aquela realizada com Z é de tal modo impactante que os autores decidem se concentrar exclusivamente nela. Neste caso clínico, o que a equipe que o entrevista sente é descrito como "um desejo de saber mais". Com efeito, em princípio, é difícil para o leitor encontrar o branco e a falta de representação de que falam os autores tomando apenas a transcrição da entrevista. A força do caso clínico é tamanha, que a introdução do pensamento

---

[1] Os pacientes poderiam ser internos ou ambulatoriais. Não fica claro no texto qual era o caso de Z, tampouco se fazia uso de medicação ou não.

sobre a psicose branca é colocada apenas no último capítulo, após uma análise palavra a palavra do texto estabelecido.

Os autores nomeiam o livro que traz toda essa discussão de *O filho disso* (*L'enfant de ça*), uma vez que Z inicia seu relato contando que é filho da mãe com o genro, sendo então "o filho disso", e por aí prossegue a narrativa de sua história de vida. O que chama a atenção dos entrevistadores é a presença de conteúdos muito impressionantes, mas narrados de uma forma sem modulações e transparecimento de afetos. Assim, o que vai fazendo com que Donnet e Green comecem a formular a ideia de uma psicose branca não são os sintomas de Z; ao contrário, estes são considerados até mesmo banais e pouco singulares, no entanto, o que impressiona é certa impotência para pensar, o pensamento aqui considerado principalmente em relação à sua situação e seu conflito.

Ainda durante essa entrevista, havia um receio constante por parte do "auditório" de que a fala de Z se extinguisse a qualquer momento. Na descrição da entrevista, Green e Donnet reconhecem uma certa insistência, até mesmo deslocada, do entrevistador em intervenções e dizem que elas se deram por esse medo da extinção da fala, já que acreditavam que o silêncio não revelava nenhuma atividade fantasmática, nenhum pensamento, e que eles mesmos se perguntaram por que estavam tão interessados em que ele falasse mais.

A partir do caso do sr. Z, Donnet e Green desenvolvem a ideia da psicose branca como uma estrutura invisível, que não é pura e que, portanto, pode se passar por um estado depressivo mais ou menos neurótico, por um estado-limite ou ainda por um quadro que remete à psicose. Ela é entendida a partir de três parâmetros: a organização edípica, a relação de objeto e o funcionamento mental, sendo que deles surge o vazio referido como branco, como uma paralisia do pensamento. Esse branco do pensamento é definido como formado por um espaço vazio que nunca chega a ser saturado completamente, embora contenha pensamentos que o enchem (Donnet & Green, 1973/2015). A partir daí, podemos pensar em algumas perguntas que nos ajudem a melhor compreender o que seria essa psicose branca.

Uma vez que se utiliza o vocábulo "vazio", de que tipo de vazio se trata? Uma distinção que fazem os autores e que considero importante mencionar é entre o vazio da depressão e o vazio da psicose branca. O primeiro passa pela perda do objeto ou pela ferida narcísica que faz com que o paciente tenha a experiência de um não valor ou de uma perda de valor. Já o outro vazio se constitui como uma expressão das pulsões destrutivas que atacam o processo de ligação; ou seja, trata-se menos de culpa e vergonha do que de uma dificuldade no despertar da consciência para a realidade pelo ataque dos processos de ligação (Donnet & Green, 1973/2015).

Por que então definir uma psicose branca e não simplesmente uma psicose? Os autores dizem que é possível fazer uma diferenciação entre a psicose e a psicose branca, porque na psicose branca o sujeito continua a investir na realidade e essa realidade do objeto não é percebida com delírios, por exemplo. Por outro lado, essa realidade do objeto está submetida a uma apreciação que, dizem eles, não pode corrigir a experiência do pensamento, ou seja, o objeto mau é só mau e o bom é só bom, não havendo espaço para a ambivalência. É assim que não há, nesse caso, uma predominância do desejo, da simbolização e da diferença entre os sexos, mas um julgamento de existência, um "ser ou não ser", que não suporta ambivalência.

Por que branca? o termo psicose branca surge a partir da ideia dos sonhos brancos de B. Lewin, sonhos sem conteúdo, o que podemos ver em Z na manifestação de sua fala pouco afetada ou expressiva das conflitualidades que poderíamos encontrar no conteúdo narrado. Nesse momento da conceitualização, a psicose branca se mantém na matriz da psicose, pois trata-se de uma potencialidade psicótica mais do que de uma estrutura enrijecida, potencialidade que pode ou não se atualizar. No ano seguinte, em 1974, no artigo "O analista, a simbolização e a ausência no enquadre analítico", Green retomará o conceito de psicose branca, mas desta vez colocando-o como base do prosseguimento da ideia hoje muito mais difundida de "estados-limite". Nesse artigo de 1974, o foco é na ideia dos estados-limite e, nos próximos anos, continuando a leitura de *A loucura privada* (Green, 2017), onde estes textos estão compilados, o próprio limite vira um conceito, a ponto de depois surgir a ideia de uma metapsicologia do limite.

O que faz o analista diante de tal configuração? Vimos que com o sr. Z havia uma dita "vontade de saber mais" que se misturava ao temor de que Z parasse de falar, o que fazia com que os entrevistadores fizessem diversas intervenções. No texto já citado de 1974, Green coloca que, diante do vazio de pensamento do paciente, o analista tem uma tendência a preenchê-lo com o que nomeia ser um "esforço de pensamento" (p. 83). No entanto, tal atitude não seria a mais eficaz, sendo preferível que o analista pudesse construir um espaço de "potencialidade e ausência", focado menos em uma explicação sobre o que o paciente quer dizer (com frases como: "isso quer dizer aquilo", ou "isso não quer dizer nada") do que em um "isso poderia querer dizer aquilo", o que, a meu ver, instaura uma nova maneira de funcionamento da dupla analítica.

Referências e indicações de leitura

Danon-Boileau, L., & Tamet, J.-Y. (Orgs.). (2016). *Des psychanalystes en séance: glossaire clinique de psychanalyse contemporaine.* Gallimard.

Donnet, J.-L., & Green, A. (1973/2015). *L'Enfant de ça: psychanalyse d'un entretien: la psychose blanche.* Éditions de Minuit.

Green, A. (1974/2017). O analista, a simbolização e a ausência no enquadre analítico. In A. Green, *A loucura privada.* Escuta.

Green, A. (2017). *A loucura privada.* Escuta.

SERGE LEBOVICI (1915-2000)

6. Empatia metaforizante

Maria Cecília Pereira da Silva

Analista – *Como é ter medo se não for medo de assombração? Medo de coisas reais, da vida?*
Pai – *Eu não tenho muito medo de coisa real, só de coisas desconhecidas. Tanto é que eu prefiro enfrentar um cara com duas armas do que um fantasma. Eu não sonho, só tenho pesadelo... Mas eu sempre tentei proteger minhas filhas do que eu tinha medo, era desse ritual, ritual de passagem, falando da morte, se eu fosse num velório eram 15 dias sem conseguir dormir... Até hoje você vê como é o trauma, eu vou no velório, mas eu não vou lá ver a pessoa, eu não vou não...*
Analista – *Então agora deu para falar... medo da morte.*
Pai – *É, deve ser medo da morte.*
Analista – *E dormir... morto parece que está dormindo, né?*
Pai da M. Clara

Esse diálogo se deu durante as consultas terapêuticas pais-bebê com o pai de M. Clara, um bebê que não podia dormir (Silva, 2002).

Lebovici desenvolveu o método da consulta terapêutica para trabalhar com os problemas da parentalidade e da psicopatologia da criança. Primeiro ele observava os pais e a criança, fazia perguntas sobre a história da família e sobre o que os preocupava, e entrava em contato com a criança, brincando com ela e acompanhando a interação dela com os pais. Assim, ele podia entender o comportamento parental e sua história.

Foi nesse espírito que atendemos essa família, e quando apontei "E de dormir... morto parece que está dormindo, né?", uma intervenção caracterizada por Lebovici como empatia metaforizante (Lebovici et al., 2004), nos aproximamos dos fantasmas que impediam M. Clara de dormir.

Para Lebovici, o terapeuta se coloca num estado de "empatia metaforizante", caracterizada por uma ligação emocional e perceptiva com o sofrimento da família que até o momento não pôde ser nomeado, mas que, sendo trabalhado com o terapeuta, pode ser vivido como uma experiência corretiva do que não foi possibilitado no início do desenvolvimento. Uma intervenção do terapeuta pode condensar aspectos de observação das interações e percepções de conteúdos transgeracionais, permitindo o contato com esses aspectos até então inconscientes (Lebovici, 1991).

Então o pai me responde ansioso: "Você percebe que eu falei que eu não gosto da hora de dormir, e lá em casa ninguém gosta da hora de dormir". Mas a mãe se diferencia dizendo: "Eu acho que dormir e comer são as melhores coisas da vida...".

O casal não tinha consciência de que a queixa apresentada em relação à filha (dificuldade para dormir, agitação) reeditava uma questão antiga do pai (medo de ficar sozinho).

Ao fim desse encontro, conversando com M. Clara, disse muito vividamente (o que poderíamos também chamar de uma empatia metaforizante, integrando vários níveis de sentidos – observacional, relacional e transgeracional; Mendes de Almeida et al., 2004): "Ei, M. Clara, você gostou dessa conversa hein!? Esse seu nome, M. Clara, tem tudo a ver com essa conversa. Porque, Clara! Tudo claro! Você veio clarear as ideias, iluminar, trazer luz, veio para explicar as coisas, tem muito trabalho para você, hein!".

Em outra sessão, a mãe nos surpreendeu, trazendo memórias tocantes de extrema ansiedade envolvida com situações de separação infantil. Ao ser perguntada sobre a sua relação com os avós, a mãe se recordou da infância. Ela vivia numa casa no interior, em cujo terreno havia outras duas casas: numa morava seu avô paterno, que era muito doente, pois havia tido um derrame, e na outra morava sua avó materna, com duas tias anãs.

A mãe comentou, emocionada, sobre a impossibilidade de consolar o choro desesperado e incontrolável das tias quando a mãe delas morreu e elas foram retiradas da família para serem institucionalizadas. Nós pudemos então ter uma noção acurada de como as separações e as necessidades expressas por meio do choro encontravam uma reverberação intensa na mente da mãe.

Diante do choro emocionado da mãe, dirigimos nossos olhares, nosso silêncio empático e nossa continência a ela: a angústia da mãe diante das situações de choro das filhas e a situação traumática que vivera com as tias anãs puderam, então, encontrar uma representação. Tal intervenção representou uma situação de empatia metaforizante efetiva e os fenômenos transgeracionais puderam ser revelados e desvendados: discriminaram-se os medos do pai e as angústias de separação da mãe e M. Clara pôde dormir (Mendes de Almeida et al., 2004).

A empatia é o sentimento "de ser em", de compreender as coisas que não podem ser ditas com palavras diretas, mas com palavras carregadas de afeto, de metáforas.

A empatia metaforizante e sua realização pelo *enactment*[1] teriam o seu paradigma na comunicação primária que se estabelece entre a mãe e a criança. Um entendimento que existiria antes do verbo, subentendido por emoções primárias, por meio das quais uma mãe pode traduzir os sinais do bebê e satisfazer as suas necessidades graças à sua preocupação materna e a uma "antecipação criadora" (Lebovici et al., 2004).

É uma concepção que implica a possibilidade, principalmente para o terapeuta, de uma identificação que ultrapassa a noção de transferência e de contratransferência. A atitude empática é o movimento pelo qual nós identificamos o outro e nos esquecemos de nós mesmos.

Lebovici diz que é uma forma de "cossentimento", um processo metaforizante que implica a "empatia transicional que não é consciente". O terapeuta deve ter condições de sentir esses "nós" e organizar uma relação interpessoal oferecendo empaticamente o que faltou à criança no começo do seu desenvolvimento e conduzindo-a à criação de uma nova organização diádica.

Portanto, durante as consultas terapêuticas observa-se a família como um observador-investigador, e o terapeuta se mobiliza afetivamente e de maneira ativa, a partir de um movimento empático, para que possa transformar o que sente e o que ressente em representações compartilhadas com a família. Metaforiza. A relação empática que se estabelece permite que a narração e os atos do terapeuta tenham um caráter metaforizante, de fazer-se compreender, já que carrega os afetos e as metáforas relativos ao campo transferencial-contratransferencial da consulta, ou seja, um estado de empatia metaforizante, ferramenta que embasa essa técnica de trabalho. O lugar do terapeuta é o de cocriar, copensar, cossentir, e o que leva da ação (as interações) ao pensamento e à ação (os

[1] Ver definição no final do texto.

assinalamentos interpretativos e os gestos do terapeuta). Do ato à narração com um sentido. Do desorganizado que o terapeuta sente em seu corpo a uma possibilidade de (nova) organização oferecida aos pais e ao bebê. Esse movimento é o do *enactment*, termo empregado também por cognitivistas, que significa tornar coerentes os afetos e sentimentos que nos afetam, dando-lhes um sentido por meio de uma atuação com nosso corpo. É ao estado de sentir e recriar junto com a família que se busca chegar nas consultas, por meio do *enactment* e da empatia metaforizante (Lebovici, 1991).

Referências e indicações de leitura

Lebovici, S. (1991). Des psychanalystes pratiquent des psychothérapies bébés-parents. *Revue Française de Psychanalyse*, (56), 733-857.

Lebovici, S., Solis-Ponton, L., & Barriguete, J. A. (2004). A árvore da vida ou a empatia metaforizante, o *enactment*. In L. Solis-Ponton (Org.), *Ser pai, ser mãe – parentalidade: um desafio para o terceiro milênio. Uma homenagem a Serge Lebovici*. Casa do Psicólogo.

Mendes de Almeida, M., Silva, M. C. P., & Marconato Callia, M. (2004). Redes de sentido: evidência viva na intervenção com pais e crianças. *Revista Brasileira de Psicanálise, 38*(3), 637-648.

Silva, M. C. P. (2002). Um self sem berço: relato de uma intervenção precoce na relação pais-bebê. *Revista Brasileira de Psicanálise, 36*(3), 541-565.

7. O mandato transgeracional

Maria Cecília Pereira da Silva

"M. Clara não dorme legal à noite. Eu amamento à noite, eu achava que era isso, mas não sei se é de mim: chorou, eu já fico superaflita. Ela dorme todos os dias depois da meia-noite e às seis e meia da manhã ela já acordou. E nesse período acorda várias vezes", queixa-se a mãe.

M. Clara tinha 1 ano quando foi atendida em consultas terapêuticas. As consultas terapêuticas, introduzidas por Winnicott (1971) e desenvolvidas por Lebovici (1986), visam à observação da interação mãe-bebê e, sempre que possível, com os outros membros da família, sobretudo o pai. Permitem que os pais falem sobre o bebê, sobre eles mesmos e sobre suas famílias – o passado e a repetição de condutas. Procura-se colher a história do bebê desde o relacionamento dos pais com seus próprios pais, até a concepção, o nascimento, o desenvolvimento e o eventual sintoma. Busca-se o acesso às diferentes representações do bebê imaginário, fantasmático, cultural e real que os progenitores, em função de sua história, têm do pequeno filho (Lebovici, 1991, 1993).

Lebovici propõe a coconstrução da árvore da vida como um instrumento para pensar a complexidade dos fenômenos relativos aos processos de filiação e parentalização. Trata-se de um verdadeiro tecido de laços trans- e intergeracionais da história da mãe e do pai, que se dá em grande parte no nível do inconsciente – a herança psíquica do ser humano (Silva, 2023; Lebovici et al., 2004).

A história transgeracional inclui os elementos da história dos pais, dos avós, frequentemente os conflitos, mas também a criança mítica. Todos esses elementos vão se concentrar na transmissão de conflitos inconscientes, o mandato transgeracional transmitido à criança, que bloqueia seu desenvolvimento. Quando procuramos um mandato transgeracional, vemos que os pais se uniram para fazer um filho portador desse mandato. E os avós têm um papel primordial nesse assunto (Silva, 2023; Lebovici et al., 2004).

O processo da parentetização engloba necessariamente uma criança imaginada. Uma criança imaginária é o fruto da história transgeracional da mãe e do pai, história que constitui o mandato do destino da criança, e esse mandato vai se modificar no futuro, felizmente, se os conflitos não forem muito rígidos. Isso tudo constitui a árvore da vida que pode se expandir quando os conflitos não são muito fixos, permitindo que a criança se integre à sociedade e ao seu grupo social. Se, ao contrário, os conflitos forem muito rígidos, se os pais interferirem demais, então a criança não poderá estabelecer laços de parentetização suficientes.

Durante as consultas terapêuticas, fomos acolhendo a família de M. Clara e colhendo a história de suas origens. Ao pedirmos que falassem do relacionamento com os avós, o pai recordou-se das histórias de fantasmas que os adultos contavam à noite, das quais ainda sentia medo. Vários fantasmas o habitavam e o impediam de ficar só em casa ou no trabalho. Fantasmas de morte que carregava desde a infância, sem representação.

Durante essa sessão nos relatou um sonho: "Eu estava só no escritório, sentia-me muito inquieto, e algumas pessoas apareciam, entrando e saindo". Quando perguntamos quem eram essas pessoas, nos disse serem colegas de trabalho que já morreram. Surpreendentemente, em tão pouco contato, esse pai pôde passar vivências terroríficas de um registro delirante para um registro onírico, permitindo identificar medos infantis relacionados à morte, fantasmas vivos até hoje. Levantamos a hipótese de que haja uma depressão psicótica paterna, pois ele precisa de alguém ao seu lado para não "enlouquecer" com os fantasmas e barulhos "terroríficos" internos, diurnos e noturnos.

A mãe de M. Clara nos contou que vivia no interior, onde havia mais duas casas próximas. Em uma delas morava seu avô paterno, que havia tido um derrame, e na outra, a avó materna, com duas tias anãs. Quando a avó materna morreu, a mãe de M. Clara tinha 8 anos e era do mesmo tamanho de suas tias anãs, com quem brincava. As tias choravam desesperadamente a morte da mãe e seu pai não lhe permitia que fosse consolá-las. Irritado com esse pranto, internou-as. Sua mãe, irmã das tias, ficou com muita raiva do marido, e, por vingança, obrigou-o a internar o pai doente, que veio a falecer logo depois.

O relato nos aproximou da angústia da mãe diante do choro da filha, que reproduz a situação de choro das tias anãs, retomando a angústia de separação insuportavelmente repleta de emoções violentas. É possível ainda supor que a mãe de M. Clara conta com objetos internos primários muito destrutivos, o que vem a explicar sua dificuldade de exercer/ocupar o lugar de mãe e esposa.

Assim, os fenômenos transgeracionais puderam ser revelados e desvendados: discriminaram-se os medos do pai e as angústias de separação da mãe. Essa representação parental tomou uma importância particular no que concerne à transmissão intergeracional e no que chamamos de mandato transgeracional (Silva, 2023).

Os fenômenos inter e transgeracionais se constituem em uma herança psíquica, passada ao indivíduo pelas gerações precedentes. Os pais, ao falarem sobre o bebê, sobre eles mesmos e sobre suas famílias, retiram os investimentos inconscientes nele depositados. Favorece-se, assim, a elaboração de conflitos associados à parentalidade, condutas que se repetem transgeracionalmente.

O pai pôde cuidar das filhas sem a sobrecarga da função paterna exigida precocemente no cuidado dos próprios irmãos. E a mãe pôde escutar e interpretar o choro da filhinha sem a conotação de dor, sofrimento e violência que estava associada inconscientemente à separação das tias anãs, permitindo que o choro fosse somente mais uma forma de comunicação entre outras. Também pôde lidar com as angústias de separação presentes em todo o vínculo afetivo.

Os aspectos identificatórios e projetivos que ocorreram com a sucessão de gerações transformaram-se e o bebê deixou de ter de lidar com os elementos enigmáticos dos pais como depositária de um mandato transgeracional com fantasias, vivências violentas, medos terroríficos que diziam respeito a outras gerações. A resultante dessa dinâmica inconsciente familiar era o sintoma de M. Clara: transtorno de sono.

A reconstrução da história transgeracional de M. Clara permitiu desfazer o mandato transgeracional, o que tornou possível oferecer-lhe um "berço" emocional, para que toda a família pudesse dormir.

Referências e indicações de leitura

Lebovici, S. (1986). À propos des consultations thérapeutiques. *Journal Psychanalyse de l' Enfant*, *3*, 135-152.

Lebovici, S. (1991). Des psychanalystes pratiquent des psychothérapies bébés-parents. *Revue Française de Psychanalyse*, (56), 733-857.

Lebovici, S. (1993). On intergenerational transmission: from filiation to affiliation. *Infant Mental Health Journal*, *14*(4), 260-272.

Lebovici, S., Solis-Ponton, L., & Barriguete, J. A. (2004). A árvore da vida ou a empatia metaforizante, o enactment. In L. Solis-Ponton (Org.), *Ser pai, ser mãe – parentalidade: um desafio para o terceiro milênio. Uma homenagem a Serge Lebovici*. Casa do Psicólogo.

Silva, M. C. P. (2023). *A herança psíquica na clínica psicanalítica*. (2a ed.). Blucher.

Winnicott, D. W. (1971). *Therapeutic consultations in child psychiatry*. Hogarth Press, Institute of Psychoanalysis, Basic Books.

JEAN BERGERET (1923-2016)

8. Organização limítrofe de personalidade

Valeria Barbieri

O modelo psicanalítico de compreensão da psique humana, em seus estados normal e patológico, tem como singularidade a distinção entre os planos manifesto e latente da personalidade. Em vez de um enfoque descritivo e superficial dos sintomas aparentes, ele prioriza o conhecimento da organização inconsciente que sustenta as suas bases. Ele busca entender como os sintomas germinam no terreno de um conjunto estável e coerente de elementos metapsicológicos profundos e fundamentais, que é denominado estrutura da personalidade.

Os elementos metapsicológicos que compõem a estrutura da personalidade consistem na sua instância dominante (id, ideal do ego ou superego), no grau de diferenciação entre o eu e o não eu, na natureza da angústia, nos mecanismos de defesa, no modo de relação de objeto, na forma de expressão do sintoma e nas fixações ao longo do desenvolvimento pulsional.

O termo *caráter* corresponde ao funcionamento manifesto normal da estrutura. Já o *sintoma* representa uma forma mórbida resultante de uma descompensação sofrida por ela, decorrente de um desequilíbrio entre fatores externos e internos, quando os conflitos não encontram mais uma solução de compromisso satisfatória, conduzindo à falha dos mecanismos de defesa.

Bergeret (1974/1991) reconhece a existência de duas grandes estruturas de personalidade: a neurótica (subdividida em obsessiva e histérica) e a psicótica (subdividida em esquizofrênica, paranoica e melancólica). Quando ocorre uma descompensação, a primeira apenas pode dar origem a uma doença neurótica, e a segunda, a uma patologia psicótica. O trabalho terapêutico consiste em encontrar um novo equilíbrio entre os elementos metapsicológicos que compõem a estrutura.

As estruturas de personalidade começam a se constituir na infância, mas nessa época elas não são estáveis. São principalmente pré-estruturas que tendem a caminhar para a sua consolidação na vida adulta. Por isso, até a adolescência elas preservam certa flexibilidade, podendo haver a migração de uma pré-estrutura para outra.

Existem, porém, uma série de ordenamentos intermediários entre as estruturas neurótica e psicótica, que são denominados estados-limite ou organizações limítrofes (*borderline*). Elas são marcadas pela instabilidade, pela falta de solidez. Essa fragilidade é decorrente dos enormes esforços de combate à depressão que devem ocorrer no seu interior para que elas possam se manter. Por isso, elas não recebem o nome de estruturas – mas de organizações ou ordenamentos – nem permitem uma condição de normalidade. Embora possam perdurar no tempo, são sempre precárias, alcançando no máximo uma situação de pseudonormalidade.

A gênese das organizações limítrofes repousa na experiência de um evento traumático que atinge o indivíduo, provocando-lhe uma intensa frustração, vivida como um risco de perda do objeto. Esse "traumatismo precoce" constitui-se em uma violenta perturbação pulsional que encontra um ego ainda pouco equipado em termos de adaptações e defesas para fazer frente a ela. É um traumatismo que acontece em um momento em que o ego, após ter ultrapassado sem grandes dificuldades o período das relações iniciais com a figura materna, ingressa no complexo de Édipo. De acordo com Bergeret (1974/1991), pode-se considerar que a criança entrou demasiadamente prematura e maciça na trama edipiana e, diante da impossibilidade de negociar uma relação triangular e genital com os pais, será obrigada a apelar para mecanismos de defesa mais arcaicos que o recalcamento.

Assim, as defesas do indivíduo limítrofe serão mais próximas do registro psicótico, embora não idênticas às dele. Elas consistem principalmente na negação das representações sexuais (e não da realidade), na clivagem do objeto (e não do ego), na identificação projetiva e no controle onipotente do objeto.

O trauma desorganizador precoce interrompe a evolução libidinal da criança, que termina por "saltar" o complexo de Édipo e se precipitar em uma pseudolatência, que pode se prolongar para a adolescência e cobrir a vida adulta.

Como nas organizações limítrofes a estrutura psicótica é ultrapassada, mas a neurótica não é completada, não se desenrolam os conflitos entre o ego e a realidade (próprios da primeira), nem entre o ego e o superego (característicos da segunda). O ordenamento, portanto, é sobretudo narcísico, sendo o ideal do ego o polo organizador da personalidade, que federará todos os investimentos libidinais que deveriam ir para a constituição do superego. Ocorre, então, uma inflação do ideal do ego, que resulta em ambições elevadas de *fazer bem*, muito mais do que a culpa por *ter feito mal* que define as estruturas neuróticas.

Os anseios do ideal do ego desempenham um papel no combate à angústia distintiva das organizações limítrofes: a de perda do objeto. Ela ocorre em razão da incompletude do ego, o que conduz à dependência anaclítica do objeto. Nos ordenamentos limítrofes o indivíduo já alcançou a diferenciação entre o eu e o não eu, mas ainda não é autônomo. Por isso, diferentemente da relação fusional do registro psicótico, ele deseja ser amado e ajudado pelo outro e, se este lhe faltar, o risco é o de mergulhar na depressão.

Nesse cenário, o atendimento às exigências do ideal do ego tem como objetivo preservar a presença e o amor do objeto. No entanto, o indivíduo limítrofe também teme os perigos da intrusão que existem em uma relação muito próxima. Os mecanismos de controle onipotente do objeto e de identificação projetiva servem para auxiliá-lo a encontrar uma solução para tal conflito, podendo chegar até mesmo à inversão da situação, instalando o objeto como dependente do indivíduo. A clivagem do objeto serve para o mesmo fim, mas compromete a relação total com ele.

O exemplo de Sarah ilustra a ambivalência em que o indivíduo limítrofe se encontra aprisionado. Referindo-se ao marido, ela se queixa das inúmeras agressões físicas e verbais que sofre da parte dele. Minutos depois, após considerações inconclusivas sobre qual dos dois seria o mais forte, ela diz: "Mas é graças a ele que eu consigo dirigir na estrada. Eu tenho medo disso, mas ele fica ao meu lado e me diz 'Vai, você pode!'. Então não sei: ele é bom ou ele é ruim?". Em razão dessa ambivalência difícil de ser ultrapassada e de sua dependência do objeto, Sarah levou quase dez anos para se decidir pelo divórcio.

A clivagem do objeto acompanha uma tendência correlata, mas não equivalente, no ego do indivíduo limítrofe: ele sofre um desdobramento, que origina a existência concomitante de dois setores operacionais em seu interior. Um desses registros mostra uma clara adaptação à realidade exterior, enquanto o outro funciona de forma muito mais autônoma, fixado nas necessidades narcísicas do indivíduo e no anaclitismo protetor.

Embora a organização limítrofe possa permanecer em um aparente equilíbrio por toda a vida do indivíduo, a chance de uma irrupção psicopatológica é sempre uma ameaça. Ela pode sobrevir a partir de um trauma psíquico posterior, desencadeado por eventos variados da vida. Esse trauma tardio desperta frustrações narcísicas correspondentes ao trauma precoce.

Quando essa irrupção acontece, não é mais possível para a pessoa permanecer no ordenamento limítrofe, sendo necessário encontrar um sistema defensivo mais eficaz. Diante disso, o indivíduo habitualmente se dirige para uma de três vias possíveis: a neurótica, a psicótica ou a psicossomática, dependendo do grau de consistência do ego e do superego e do grau de diferenciação entre a psique e o soma. Assim, em tal situação, ele adentra em uma das duas estruturas de base ou em um registro mais primitivo de indiferenciação psicossomática.

Referências e indicações de leitura

Bergeret, J. (1974/1991). *Personalidade normal e patológica.* Artes Médicas.

SILVIA BLEICHMAR (1944-2007)

9. Neogênese: a possibilidade de abertura e articulação de outras recomposições psíquicas

Cassandra Pereira França

A obra extensa e brilhante de uma autora contemporânea do porte de Silvia Bleichmar é, com toda certeza, uma expressão admirável da importante revitalização constante da metapsicologia freudiana, a partir dos interrogantes colocados tanto pela clínica psicanalítica quanto pelas subjetividades constituídas a cada tempo em nossa cultura. A paixão e o rigor intelectual com que essa autora desconstruía e elaborava inúmeros conceitos psicanalíticos durante seus seminários eram contagiantes para os ouvintes, uma vez que ela partia de uma fundamentação teórico-clínica impecável.

Sua grande inquietação surgiu a partir da clínica com crianças, que, nitidamente, apresenta temas desafiadores para a psicanálise: quando ocorre a fundação ou não do recalque originário, a fundação ou não do inconsciente? Inquietação que a conduziu a eleger como objeto de trabalho teórico a necessidade de repensar e definir o infantil e o sujeito em estruturação por meio da observação, no campo clínico, do "mito" do recalque originário – baliza que conduziu seus estudos acerca dos tempos de constituição das tópicas psíquicas ao longo da infância.

Em Bleichmar, para que exista psicanálise deve haver sujeito de inconsciente – atravessado pelo inconsciente, não no inconsciente. Portanto, a sua primeira tarefa quando tomava um sujeito em tratamento era observar algumas condições para a implementação do método psicanalítico: o sujeito analisante deve ser dotado de inconsciente e de pré-consciente; o recalque deve ter se constituído e as defesas, estarem em funcionamento; o conflito deve ser intersistêmico, ou seja, intrassubjetivo. Essas marcações ajudam na eleição das modalidades de intervenção que podem ter eficácia no processo analítico, uma vez que a ausência delas deve demandar outros arranjos para a condução do tratamento.

Sempre atenta às tramas intrassubjetivas e intersubjetivas, preocupada em observar as condições de constituição do aparelho psíquico, Bleichmar propôs algumas ferramentas conceituais para que avaliássemos o trabalho analítico que está sendo feito com os pacientes. Partindo da observação de que os analistas sempre se preocuparam apenas em recuperar o que existia anteriormente no psiquismo do paciente, ela propõe que prestemos atenção nas condições de simbolização que também podemos gerar por meio do trabalho analítico. Lembrando-nos de que há no aparelho psíquico representações que nunca tiveram caráter de representação-palavra – e de que, muitas vezes, a construção, como dizia Piera Aulagnier, é uma espécie de "intervenção que dá conta, no processo analítico, do modo de funcionamento da estrutura, e nessa forma de posicionar-se, o analista às vezes gera palavras para algo que nunca teve palavras" (Bleichmar, 2005, p. 65) –, ela postula o conceito de neogênese:

> *apesar de nem tudo estar dado desde o início e para sempre, a intervenção do analista não se reduz a encontrar o que já estava lá, e sim a produzir elementos novos de recomposição e de articulação que deem um produto diferente do pré-existente.... Quando fazemos uma*

> *intervenção em momentos estruturantes do funcionamento psíquico – o que eu chamo de intervenções analíticas – para produzir, por exemplo, numa análise de crianças, uma passagem da relação binária para uma relação terciária, inauguramos um processo de neogênese: algo, que não estava pré-formado e nem instalado por si mesmo, será produzido em função da intervenção analítica (Bleichmar, 2005, p. 40).*

Essa possibilidade de recomposição psíquica está ancorada no capítulo 7 de *A interpretação dos sonhos*, em que Freud ressalta que no aparato psíquico há sempre um polo aberto, livre à percepção e à inscrição do real. É a partir dessa argumentação que ela defenderá a valorização da realidade histórica como determinante do sujeito psíquico – o que faltava tanto no kleinismo (em que a história da criança é a história da pulsão) quanto no lacanismo (em que as modalidades combinatórias da estrutura não são determinadas pelas vicissitudes histórico-vivenciais).

Mesmo reconhecendo que na vida podem ocorrer espontaneamente processos de neogênese, Bleichmar quer tomar o sentido profundo do termo, como algo que, ao se instaurar no campo de trabalho com o paciente, permite a abertura e a articulação de outras recomposições psíquicas. Assim, por meio dos processos de neogênese, muitas representações que nunca tiveram acesso ao estatuto da linguagem podem ser transcritas em palavras para sua ligação, e sobre as representações desarticuladas, fraturadas, pode surgir um novo tecido psíquico bem menos patológico.

Bleichmar cita a função de *rêverie* postulada por Bion como exemplo de função psíquica do analista capaz de promover processos de neogênese e metabolização simbólica das representações.

> *Quando o analista exerce esta função de reverie no interior do espaço analítico, está fundando algo que não existia previamente, está estabelecendo um processo de neogênese, abrindo a possibilidade de que se organize algo que não existia antes (Bleichmar, 2005, p. 42).*

Na minha experiência clínica, tive a oportunidade de perceber a recomposição psíquica em alguns pacientes graves, por meio de processos de neogênese. Inúmeras vezes atendi crianças de 8/10 anos de idade que haviam atravessado, quando eram bebês, longos períodos de privação do convívio com as figuras primordiais – o que havia deixado como sequela um comprometimento significativo no aparelho simbólico. Em cada um desses casos, pude observar que, após um bom tempo de análise e uma árdua construção de um vínculo transferencial, instalou-se no espaço analítico a brincadeira do *fort-da*, que foi repetida à exaustão. O colorido altamente regressivo chamava minha atenção, pois, desconsiderando a realidade de uma sala pequena e com poucas opções de esconderijo, cada uma dessas crianças se escondia, compulsivamente, e exigia que eu manifestasse uma intensa sensação de prazer e alegria ao encontrá-las – como fazemos com os bebês. Nessas sessões, elas pareciam estar vivendo um estado alucinatório, em que pouco importava se o esconderijo era sempre o mesmo, ou se elas é que ditavam a forma como eu deveria reagir.

Após um trabalho de continência e *rêverie* para os sentidos do *fort-da*, por meses a fio, observei o deslocamento da brincadeira: em vez de esconder o corpo, elas passaram a esconder objetos cada vez menores – ilustrando como estavam discriminando fantasia e realidade. Findado esse longo processo, pude identificar a abertura de uma neogênese por meio do salto evolutivo que se deu na estruturação psíquica de cada uma dessas crianças: a instalação da capacidade de suportar a ausência do objeto, o aumento do seu limiar de frustração, a possibilidade da recuperação mnêmica e a evolução nítida da linguagem. Tive, assim, a possibilidade de valorizar a potência que habita um processo de análise, e que endossa as palavras de Silvia Bleichmar (2005):

> *Neogênese quer dizer produção de algo novo que não está em cada um dos elementos, mas sim nas possibilidades de articulação de novas pontes simbólicas e na sua combinatória, possibilidades estas que não se pode dizer que antecedem o fenômeno produzido (p. 63).*

Referências e indicações de leitura

Bleichmar, S. (2005). *Clínica psicanalítica e neogênese*. Annablume.

Woloski, G. (Org.). (2021). *Teoría y clínica en la obra de Silvia Bleichmar*. RV Ediciones.

10. Construção de legalidades: premissas sobre alteridade

Eurema Gallo de Moraes
Mônica Medeiros Kother Macedo

Silvia Bleichmar marcou seu tempo como psicanalista por meio de uma produção consistente tanto no que se refere ao rigor teórico como à fluidez de um raciocínio aberto às problematizações e aos interrogantes da clínica. Essas perspectivas se traduzem em duas interrogações que fundamentam seu pensamento, como sublinha Ernesto Calvo (2009), no reconhecimento a seu legado: "Em primeiro lugar, quais são os efeitos traumáticos que acontecimentos sociais, culturais e políticos têm sobre a subjetividade dos indivíduos. Em segundo lugar, quais são os custos simbólicos que os indivíduos devem processar quando esta subjetividade está em risco" (p. 9).

Na amplitude de sua escrita, afirma Calvo (2009), Bleichmar busca entender, discutir e intervir socialmente frente a momentos de crises. As profícuas reflexões combinam sua formação psicanalítica e sociológica com sua militância social, resultando em aportes que "não são uma leitura psicanalítica, mas, sim, uma leitura desde a psicanálise" (p. 8). A força de seus enunciados desestabiliza posições atravessadas pela imediatez do *agora é assim*, como se o tempo fosse conjugado apenas no presente.

Recortamos, na obra de Silvia Bleichmar (2008), o tema da *construção de legalidades*. Ao se ocupar dele, embasou suas interrogações na direção de pensar sobre a sociedade desde os processos de constituição de subjetividades e o efeito da devastação política e moral. Sua preocupação ecoava além das fronteiras de sua Argentina, ao afirmar: "A violência é produto de duas coisas, por um lado o ressentimento pelas promessas não cumpridas e, por outro, a falta de perspectiva de futuro" (p. 35). Assim, no movimento simultâneo de sua posição como cidadã e psicanalista, subverteu o mito de que a violência é um produto da pobreza. Para recompor o mal-estar vigente, efeito da ruptura de laços solidários e do processo de dessubjetivação, Bleichmar propôs, como alternativa possível, a construção de legalidades, ou seja, um contrato social firmado na reciprocidade da palavra, na convivência com as diversidades e na solidariedade com as diferenças.

Nos caminhos teóricos abertos a partir dessa temática, apresentou rupturas com leituras repetidas, herdadas de um pensamento sistematizado e muito pouco desacomodado. Assim, entende que o mister não é o *estabelecimento de limites* como garantia de segurança e proteção nas relações, mas "a *construção de legalidades*, a qual deve ser resgatada como questão central da infância, e a *derrota da impunidade*, o que realmente brindará garantias da construção de um recontrato intersubjetivo na sociedade atual" (p. 16).

Ao abordar o tema da construção de legalidades, enfatiza que não se trata de um entendimento pedagógico, mas de uma construção subjetiva no encontro de semelhantes, reconhecendo os efeitos entre suas diferenças. Trata-se do sujeito como outro em si mesmo – dimensão narcísica – e o si mesmo com o outro – complexidade edípica. A questão relativa à construção de legalidades aborda, precisamente, "a possibilidade de construir respeito e reconhecimento em direção ao outro e pela forma como se define o universo do semelhante" (p. 38).

Bleichmar sublinha relevantes questões que se refere à construção de legalidades. A primeira delas, que tem origem no substrato paterno, é o tema da *culpa*. Para a autora, nascemos com a *culpa originária* e "é esta culpa pelo assassinato do outro que opera como ordenador e regula a circulação desejante na cultura" (p. 17). Observa-se o duplo sentido deste balizador na medida em que opera tanto na dinâmica como na economia de investimentos que circulam entre sujeitos.

Como segunda questão, nomeia a formação precoce da *ética*, resultado de inscrições a partir do encontro do sujeito com o semelhante, antes da instalação da terceiridade. Nesse jogo alteritário, as peças identificatórias movimentam a observância a regras e se tornam garantias de proteção ilimitada do objeto amado e de empatia com suas dores e aflições. Afirma a autora que "a ética consiste em ter em conta a presença, a existência do outro" (p. 28).

Sobre a terceira questão, denominada *função paterna*, tece um pontual comentário, mediante inflexões sobre conceitos psicanalíticos inoperantes em leituras repetidas e de pouco rigor. Segundo Bleichmar, *pai*, considerado como função, "é uma instância no interior de todo sujeito psíquico, seja qual for a definição de gênero que adote e a eleição sexual de objeto que o convoque" (p. 19). É necessário, segundo a autora, abandonar o modelo de família patriarcal e colocar em evidência as condições facilitadoras de produção de subjetividade. A interdição edípica, nessa direção, é a proibição de que um adulto se aproprie do corpo de uma criança como espaço de gozo. O adulto, ao se reconhecer na responsabilidade do exercício dessa assimetria de saber e poder frente à criança, instaura, na restrição de seu gozo, condições para a construção de legalidades.

Nesse contexto intersubjetivo, a lei que se transmite está sustentada em dois eixos essenciais: primeiro, a aceitação amorosa do filho – que a inscreve por amor a quem a transmite, e não por terror – e, segundo, a infiltração permanente de fantasmas e resíduos sexuais do adulto que a transmite.

A culpa, a ética, a complexidade edípica e a função de pai ancoram proposições de Silvia Bleichmar sobre experiências essenciais à construção de legalidades. Tal construção está claramente alicerçada nos contornos subjetivos reconhecidos pelo sujeito no encontro alteritário. A autora considera que, inicialmente, até podem ser necessárias "cercas" demarcando territórios; no entanto, se continuam cravadas como divisão de domínio, denunciam o fracasso do acesso à constituição tanto do processo psíquico como civilizatório. Assim, constata-se que "o sujeito disciplinado não é o sujeito ético" (Bleichmar, 2011, p. 17).

A ilustração a seguir testemunha o valor de assentir à provocação de Silvia na inclusão do analista em reflexões sobre a ética na experiência de análise. Em uma reunião entre psicanalistas, um deles relata, em tom jocoso, sobre um jovem analisando que, em uma balada, encontrara no chão uma comanda. Ele logo percebeu que o valor registrado era consideravelmente inferior ao que gastara e, ao pagar, substituiu a sua comanda pela outra. Em sessão, narrava sua angústia e sua dúvida sobre o que fizera, ao que o analista respondeu: "Achado não é roubado!". As fraturas no processo de construção de legalidades desmantelam o reconhecimento de condições essenciais à analisabilidade. Capturado no exercício de poder e gozo, o analista torna o analisante refém de uma lógica legisladora que despoja da experiência de analisar o processo de constituição psíquica e alteritária.

O legado de Silvia Bleichmar é um estímulo vigoroso para despertar a curiosidade, formular perguntas, movimentar-se por interrogações ao invés de atrair-se pelo fascínio delirante das certezas e do poder. No processo de construção de legalidades, encontram-se as possibilidades de recriar, no presente, novas perspectivas de futuro.

Referências e indicações de leitura

Bleichmar, S. (2008). *Violencia social, violencia escolar: de la puesta de límites a la construcción de legalidades*. Centro de Publicaciones Educativas y Material Didáctico.

Bleichmar, S. (2011). *La construcción del sujeto ético*. Paidós.

Calvo, E. (2009). Prólogo. In J. Testero (Ed.), *Silvia Bleichmar: superar la inmediatez - un modo de pensar nuestro tiempo*. ECCC Floreal Gorini.

JEAN-BERTRAND PONTALIS
(1924-2013)

11. A vacuidade que funda a linguagem

Laerte de Paula

Embora Jean-Bertrand Pontalis não tenha fundado uma escola nem reivindicado um corpo teórico próprio, tendo justamente preferido sustentar um estudo que não se cristalizasse em teoria, suas formulações sobre a linguagem ainda assim merecem dedicada consideração. Matéria privilegiada do trabalho psicanalítico, um exame sobre seus usos, limites e impossibilidades permeia as reflexões desse autor, cujo percurso dividiu-se entre a pesquisa teórica e o ensaio.

Antes, contudo, convém observar: diferentemente de outros autores dentro da psicanálise e mesmo dos linguistas, Pontalis não faz uma separação rigorosa entre língua, linguagem e fala, permutando seus usos de forma aberta.

Comecemos, então: de que é feita a linguagem? Pontalis propôs algumas formas de encaminhar uma resposta, das quais privilegiaremos uma: uma linguagem é feita de perda e separação. Dessa forma, não possui substância outra que essa vacuidade essencial que a constitui. Não faltam notações em sua obra onde tal autor destaca que a potência da linguagem advém do fato de ela ser causada por *algo que não ela própria*. Por exemplo, quando Pontalis (1988) afirma que "a linguagem só é realmente linguagem, uma operação ativa, se carregar nela o que não é ela mesma" (p. 29), ou então quando propõe que a linguagem "é a separação e só exprime a separação" (p. 168).

Como falantes, habitamos a linguagem que recebemos em posição de *imigrantes*, deslocados, em uma experiência que não poderia ser chamada de outra coisa senão exílio, desejosos de encontrar algo que não possuímos: "sem dúvida, desde o primeiro dia, só falamos para obter o que não nos é dado" (Pontalis, 1988, p. 167), propõe o autor quando figura um tanto da relação fundamental entre a mãe e o *infans*.

Assim, ainda que tentemos conferir à linguagem a materialidade da coisa que ela busca nomear, recobrindo as ausências que ela se esforça por representar, a linguagem permanece sendo "o eco longínquo, insistente, de todas as nossas perdas" (Pontalis, 1988, p. 168). Seria preciso fazer essa condição "faltosa" penetrar na fala, imiscuir-se nela, para que esta possa operar marcada, advertida dessa limitação primeira, sua condição fundamental.

Banhado, entre outras referências, na leitura freudiana sobre o objeto perdido, Pontalis (1991) aproveita-se da ideia de "uma linguagem sem fim nem finalidade, que não se propõe nem à expressão nem à comunicação" (p. 145), sendo estas antes consequências dela que sua razão de ser. Para ele, a queixa seria o primeiro registro pelo qual buscamos reaver o objeto perdido, restando a possibilidade de, uma vez reassumida a condição *fracassada* da linguagem, podermos nos servir dos movimentos que ela permite ensejar. Como na formulação a seguir, quando comenta sobre tais "palavras 'impróprias, imperfeitas, impotentes para..., incapazes de...' ...Como prescindir dessa queixa? Ela é necessária" (p. 144).

Entretanto, uma análise haveria de mostrar que não apenas é possível ir além dela, como dessa travessia pode advir uma potência notável. É quando nossa modalidade de habitar a fala deixa de ser "chorosa, reivindicatória e perseguida, não mais proclama o que lhe falta, e encontra nisso seu recurso infinito" (Pontalis, 1991, p. 146). Entendamos por *recurso infinito* a possibilidade da metáfora, da transfiguração de um sentido, da invenção de novas ligações linguageiras que possam produzir efeitos no corpo.

Assim, conclui-se uma leitura de manejo possível com essa linguagem que não é captura – posto que jamais se apodera da coisa perseguida – e tampouco renúncia – jamais desiste inteiramente dessa busca –, restando a ela inventar algum destino possível a essa insistência fundamental: "Faz parte de sua própria natureza ir em direção ao que não é ela. Já que nasceu da perda e que nada tem que lhe pertença, seu apetite é enorme" (Pontalis, 1991, p. 144).

Mas atenção: não se trataria, aqui, de chegar a um uso da linguagem que pudesse abdicar de todo anseio de encontro com o objeto que a anima, mas de suportar que permaneça viva a advertência de um fracasso constitutivo nessa trajetória, o que renova a possibilidade daquilo que Pontalis buscou legitimar em seus trabalhos: uma fé na linguagem, no poder da metáfora, na potência de fazer avizinhar-se do desconhecido e de "tornar estranho o familiar" (Pontalis, 1988, p. 28).

O autor faz ainda crítica à posição de *arrogância* na qual podemos incorrer quando, esquecidos da perda que participa da linguagem, ficamos excessivamente – e equivocadamente – convencidos de estarmos enunciando uma verdade plena. Tal arrogância estaria relacionada com "a loucura de segurar, a obstinação de reter, a convicção de deter a coisa em si" (Pontalis, 1991, p. 145).

Estas inquietações e preocupações, que também poderiam interessar ao linguista ou ao poeta, por exemplo, guardam uma especificidade com o campo da psicanálise na medida em que Pontalis (1988) situa aí um efeito esperado para uma análise: "Por que me tornei psicanalista senão para fazer a linguagem se defrontar sempre com o que não é ela mesma?" (p. 49).

Um exemplo: um analisante utiliza suas sessões por longo tempo para tentar dar conta de, no espaço que vai do início ao fim de cada uma, narrar os acontecimentos de sua semana. "Só mais uma coisinha, antes de terminar", solicita quando imagina que o momento do fim da sessão se aproxima. Nos dias em que chega atrasado à sessão, faz um esforço ainda maior: "Preciso dar conta de contar tudo que se passou". Quando algo que pretendia contar não pode ser dito na sessão (algo que o analista intervém para que se presentifique), diz: "Na semana que vem termino de contar *isto*".

Tentemos dar figuração ao crucial dessa posição em análise: contar o máximo de coisas possível ao analista para fortalecer o sentido que se desejava construir. Entretanto, passado esse tempo, feito de inúmeros giros em torno de sua relação com a comunicação e com o que escapava às suas narrativas, depois de um percurso valioso em análise, o mesmo analisante pode dizer:

> *Antes, eu precisava falar demais porque achava que estava dando a você o máximo de elementos para me analisar. Mas algo permanecia superficial. Sinto que algo se esvaziou em mim, passei tanto tempo correndo, ofegante até, querendo dizer tanto ao outro, até me dar conta de que sempre esbarrava em algo impossível. Antes eu ficava murcho a cada vez que isso tombava. Hoje, estou um pouco mais aliviado de não precisar carregar sozinho a pretensão de fazer o outro saber tudo sobre mim. Não é algo que está ao meu alcance.*

Um analista pode ouvir aqui o surgimento de uma marca de limite que se pode *renunciar* a tentar colmatar, cada vez com novos sentidos. Restaria refletir sobre quais giros permitiriam tal passagem de posição, o que ultrapassa o limite deste trabalho.

Assim, mais importante que aquilo que é dito, para Pontalis, o poder das palavras em uma análise vem de seu movimento, deixando entrever ao falante que interessaria menos cristalizar seu uso em uma adequação da palavra às coisas que tenta nomear (e apreender), que deixar-se conduzir – e surpreender-se – com a potência de transporte e invenção que deriva daí. Quer isso seja significado como *tombo* ou como *alívio*, como no exemplo citado, uma análise seria um laboratório aberto à invenção, onde se experimenta a possibilidade de uma resposta mais satisfatória com a inadequação estrutural entre as palavras e a coisa perdida.

Referências e indicações de leitura

Pontalis, J.-B. (1988). *O amor dos começos*. Globo.

Pontalis, J.-B. (1991). A melancolia da linguagem. In J.-B. Pontalis, *Perder de vista: da fantasia de recuperação do objeto perdido*. Jorge Zahar.

VÍCTOR GUERRA (1958-2017)

12. O falso *self* motriz

Carla Braz Metzner

O conceito de falso *self* motriz, baseado na teoria de D. W. Winnicott, foi desenvolvido pelo psicanalista Víctor Guerra (2000, 2012) para pensar a existência de fatores de ordem preferencialmente afetivo-vincular que determinem a hiperatividade, a inquietação e a dificuldade de concentração. A partir da ideia de Winnicott (1960/1983) de que a criança transforma o intelecto em um substituto do cuidado materno, Guerra propõe pensar a inquietação como um recurso semelhante de que muitas crianças lançam mão para cuidar de si mesmas principalmente em virtude de percalços no encontro intersubjetivo.

Na clínica, Guerra (2012) observou que, nos primeiros anos de vida do bebê, uma das queixas mais frequentes dos pais era a dificuldade com os limites, a agitação e a inquietação dos filhos, o que o levou a pensar no papel do movimento e da atividade motora na constituição do sujeito e na sua relação com a revolução tecnológica iniciada no final do século XX que alterou a relação com o espaço e a temporalidade (Guerra, 2000, 2012).

O modo "acelerado" como os vínculos se constituem e a parentalidade é vivida desde então prejudica a continuidade e a previsibilidade necessárias ao desenvolvimento da ritmicidade conjunta entre o sujeito nascente e os objetos, causando sintomas de descontinuidade e agitação motora. Segundo Guerra (2000, 2012), tais crianças com grande dificuldade de estar sós, de relaxar e se concentrar, muitas das quais com transtornos do sono, são facilmente diagnosticadas com transtorno do déficit de atenção e hiperatividade (TDAH).

Em países como o Brasil, uma das referências para a classificação dos problemas de saúde mental é o DSM-V, o manual diagnóstico da Associação Americana de Psiquiatria, fortemente inclinado a atribuir sua etiologia a aspectos biológicos.

Guerra (2012) alerta para os riscos de se patologizar – e medicalizar – toda inquietação da criança, enfatizando a importância de outros fatores na compreensão desses adoecimentos e da avaliação multidisciplinar e, como Golse (2010) e Berger (2000), defendendo o papel de fatores psicossociais e a presença de falhas nos encontros intersubjetivos primários como determinantes das dificuldades.

A vinheta clínica do caso Wagner, que ilustra o conceito de Guerra (2012), é um exemplo da etiologia múltipla apontada por pesquisas científicas.

Wagner foi encaminhado à análise com sintomas de agitação motora, desatenção, dificuldades de sono e um diagnóstico de TDAH. Ele não permanecia na sala de aula e ficava correndo pela escola. Na sala de análise, a passagem de uma atividade a outra se dava sem interrupção – Wagner subia na cadeira, na poltrona, no divã, sem olhar para a analista.

A história de Wagner se desenrolou em meio a mortes e perdas. A mãe, Ana, engravidou de um homem com quem não mantinha um relacionamento e que tampouco viria a participar da vida do filho. Mãe e filho partilhavam a falta e o vazio deixado por seus respectivos pais. A morte trágica do pai quando Ana tinha 8 anos deixara a suspeita de um homicídio nunca esclarecido, perpetuando segredos familiares. Wagner, por sua vez, tinha um pai que quase não via e do qual não se lembrava muito.

Durante a gestação, Ana teve hipertensão e precisou antecipar o parto, o que a fez temer por sua vida e pela do filho. Prematuro, Wagner permaneceu hospitalizado, enquanto Ana sofria de depressão pós-parto. Os dois ficaram muito sozinhos durante o primeiro ano de vida dele, em meio a sofrimento e desamparo.

Ao escutar Wagner, pude conhecer as angústias e agonias que a agitação encobria. No barulho que ele fazia, os silêncios se presentificavam no diálogo visual e gestual. Com o tempo minha compreensão/tradução acerca de suas atitudes criou não só uma aproximação entre nós, mas também a confiança necessária à instalação do vínculo terapêutico, dando a Wagner a possibilidade de vivenciar experiências de continuidade interna. Com o avanço do trabalho, a agitação diminuiu e ele conseguia brincar com os brinquedos, convidando-me a participar. As separações e o medo das perdas eram disparadores das agitações motoras.

Em seu trabalho sobre hiperatividade e déficit de atenção, Guerra (2012) refere que, no plano emocional, os lutos não resolvidos dos objetos primordiais podem fazer com que o filho continue sendo o objeto de completude. Pode ocorrer também uma anulação do terceiro, não havendo interdição que opere entre mãe e filho, deixando as relações confusas pela falta de investimento afetivo ou pelo excesso posterior que aprisiona e dificulta as diferenciações e a separação essenciais para o processo de subjetivação.

Por meio do excesso de atividade motora e da falsa vitalidade, Wagner parecia afastar os sintomas depressivos e/ou mortíferos, tão presentes e repetidos em sua história. Nessas situações, pode haver uma substituição da dependência necessária do objeto pela atividade e pelo movimento excessivo. A impulsividade é marcada por pouca tolerância à espera e à frustração, por não ocorrer uma vivência de segurança e continuidade internas, o que ficava evidente no desespero de Wagner ao entrar na sala de análise atropelando o que estivesse à sua frente.

No caso de Wagner, entre as diversas causas de interrupção dos processos de saúde e de entraves no seu processo de subjetivação encontravam-se as dificuldades de ajustamento com seu ambiente, agravadas pelo sofrimento e pela solidão vividos. A falta de sintonia afetiva parece ter contribuído para a dificuldade de autorregulação motora e de contato com os objetos. Guerra (2012) traz uma importante contribuição ao afirmar que a hiperatividade e o déficit de atenção podem ser um "déficit de atenção afetiva primária" que envolve todo o ambiente subjetivante da criança.

Dessa forma, ele enfatiza tanto a importância do papel dos objetos primordiais na constituição subjetiva como a do trabalho clínico com a família e com a escola. Em muitos casos, quem "fala" é o corpo, ao se converter em fonte de descarga da excitação com precária passagem pelo representacional. Enquanto houver a dificuldade de passagem para o plano psíquico, a motricidade será usada como descarga. Assim, mover-se para se manter inteiro era o único recurso de Wagner, como vimos no exemplo clínico.

Como afirma Guerra (2012), a "pressa" desses pacientes para correr atrás do seu ser devida à falta de um continente interno, ao transbordamento emocional, exige a constituição de outras alternativas psíquicas, o que não é tarefa fácil, visto que elas precisam ser reconstruídas no sossego do reencontro dos olhares e do prazer de brincar juntos na clínica.

Referências e indicações de leitura

Berger, M. (2000). *L' enfant instable*. Dunod.

Golse, B. (2010). *Les destins du développement chez l'infant*. Eres.

Guerra, V. (2000). Sobre diferentes aspectos del falso self. La conformación del falso self motriz. *Revista Iberoamericana de Psicomotricidad y Técnicas Corporales*, (0), 37-52.

Guerra, V. (2012). Hiperatividade e déficit de atenção no funcionamento psíquico da criança: o falso self motor. *Revista de Psicanálise da Sociedade de Psicanálise de Porto Alegre*, *14*(1), 153-178.

Winnicott, D. W. (1945/1978). Desenvolvimento emocional primitivo. In D. W. Winnicott, *Da pediatria à psicanálise*. Francisco Alves.

Winnicott, D. W. (1960/1983). Deformação do ego em termos de verdadeiro e falso self. In D. W. Winnicott, *O ambiente e os processos de maturação*. Artes Médicas.

GILOU GARCÍA REINOSO
(1926-2018)

13. Resiliência e violência

Adriana de Camargo Andrade Omati

Ana desmaiou pela terceira vez no chuveiro após virar a noite no escritório. Bianca estuda por mais de sete horas por dia, além da carga do trabalho, em detrimento do sono e da alimentação, para conseguir dar conta da faculdade e manter-se no lugar de primeira aluna da sala. Júlia voltou a trabalhar após seis semanas da chegada do filho, sendo muito elogiada pelo comprometimento com seus funcionários e a empresa. Maria vai trabalhar mesmo doente e febril, por medo de deixar os colegas de trabalho sobrecarregados, como ela reconhece já estar.

Escuto cada vez mais na clínica pacientes que têm dado o "máximo de si" dentro de diversas esferas e afazeres na vida, mas com particular intensidade em seu trabalho. Para Gilberta "Gilou" Royer de García Reinoso, esse imperativo de aguentar e ser forte tem sido aglomerado em uma expressão cada vez mais disseminada no campo da psicologia, da saúde mental e da psicanálise, encontrando forte assimilação no mercado de trabalho para dizer de características desejáveis em trabalhadores e sujeitos, confundindo-se cada vez mais com um conceito antecedente: resiliência.

Resiliência é o termo da física que diz da qualidade dos materiais de não se alterar diante de fortes impactos, acumulando energia sem sofrer rupturas e recompondo-se sem deixar marcas. O resiliente seria, portanto, aquele que pode manter-se inalterado diante do traumático, da violência ou do excesso com facilidade, com poucas consequências deixadas nesse retorno a seu estado anterior de saúde psíquica.

Encontrei ressonância dessa questão em um trabalho apresentado no IV Encontro Latino-Americano dos Estados Gerais da Psicanálise por Gilou Reinoso em coautoria com Ana Berezin (2005). As autoras entendem que, aplicado ao campo da psicologia, o conceito de resiliência tem seu ideal ligado à funcionalidade, eficiência e adaptação do aparelho psíquico e do corpo. Seguindo nessa direção, poderíamos facilmente chegar ao campo da normalidade opondo-se ao desvio, inclusive dentro de uma psicanálise a serviço da negação do limite econômico da psique e da hipervalorização da normalidade ligada à operatividade.

Ressaltamos o que Reinoso chama de "óbvio observável": nem todos têm a mesma reação ou sentem impactos de mesma magnitude diante de acontecimentos que possam vir a ser traumáticos ou exigir muito do sujeito. Dentro da linha de "engenharia humana", com a resiliência se entenderia que, após a adversidade de uma catástrofe, violência, evento destrutivo ou adversidade, o sujeito que se reconstrói sai necessariamente fortalecido. Dessa forma,

> *Os resilientes seriam capazes de suportar melhor – sem que fiquem marcas – os embates de condições adversas, em particular traumatismos sofridos durante a infância ou bem contemporâneos à vida adulta. As práticas que se aplicam para desenvolver a resiliência são encaradas como técnica de aprendizagem, ou seja, práticas corretivas de*

> *condutas sem levar em conta os processos sociais e psíquicos que bloqueiam potencialidades (Reinoso & Berezin, 2005, p. 3).*

Assim, de que sujeito estaria a psicanálise falando se todas as marcas ao longo da vida fossem acabar em "inibição, sintoma e angústia"? Em entrevista à revista *Percurso* em 1991, Reinoso ressalta que a clínica psicanalítica não é somente a clínica da cura. Haveria possivelmente espaço para a constituição e a construção a partir do trabalho de simbolização exigido pela experiência vivida? O que não fortalece somente mata? Estamos, portanto, indagando qual é a possibilidade de o aparelho psíquico do ser humano dar conta de suas marcas.

> *Como metodologia de intervenção no campo da Saúde Mental, se detém, apesar de negada, a consolidação de modos adaptativos ao excesso de exigência e de sofrimento. A seleção e o adestramento de acordo com o critério operativo e de eficácia da razão instrumental dividem os sujeitos entre escolhidos – obedientes? – e descartáveis (Reinoso & Berezin, 2005, p. 4).*

Não há como entender a saúde aliada a uma obediência a pedidos desmedidos e violências cada vez mais institucionalizadas nos locais de trabalho, dentro das famílias, nos laços amorosos e dentro das instituições de ensino. Há no conceito de resiliência um traço valorativo que propõe o reforço de uma prática vigente, em vez de uma situação que pode dizer de um adoecimento contextualizado. Reinoso (1991), na entrevista à *Percurso*, afirma que o que se chama de "saúde mental" pode também pedir a um indivíduo que entre em "anomia total, que se desinteresse totalmente de suas condições de vida, que se des-subjetivize" (p. 46). O compromisso da saúde mental com a resiliência como ideal naturaliza esta como uma qualidade intrínseca a sujeitos singulares, eximindo a análise das condições que a tornaram necessária. Para Reinoso, o trabalho é oferecer aos sujeitos e à população um "conhecimento das margens, das possibilidades que disporiam, se não estivessem reduzidos ao silêncio" (p. 46).

No trabalho de Reinoso e Berezin (2005), as autoras entendem que se houver esforço em desnaturalizar as condições cruéis de vida dos sujeitos, bem como a capacidade do sujeito de resistir a estas, nos vemos então implicados em analisar cada situação em sua singularidade:

> *Isto exigiria, sendo psicanalistas, refletir e estar atentos à relação que estabelece o sujeito com o Grande Outro ou com as instâncias que o representam e analisar dessa maneira os fundamentos subjetivos do Poder que se exerce sobre o sujeito de maneira arbitrária e feroz, características do supereu (p. 5).*

A utilização acrítica, banalizada e abusiva da prática de resiliência descomplexifica o pensamento sobre as condições objetivas e subjetivas que originaram situações em que houve produção de dano a alguém. Para as autoras, é humana a disposição de fazer o mal ou submeter-se a ele, ou seja, a crueldade é uma potencialidade humana. É necessário que, a partir dessa contextualização da situação danosa, cruel ou violenta, se possa elaborar o sofrimento decorrente, ao invés de operar por sua renegação, como propõe o conceito de resiliência.

> *Dizer que se aprende depois de sofrer é uma recusa à dimensão destrutiva imposta pelo Poder à subjetividade, a expropriação da experiência da dor e a negação do*

> *sofrimento desumanizante, relativa à subjetividade. Esta, apoiada nas pulsões de Eros, luta para sobreviver, na cama de um hospital, no delírio experimentado logo após o desmoronamento psíquico, como tentativa de restabelecer alguma relação com o outro, em/ou depois de alguma batalha, ou da mesa de tortura (p. 4).*

Em tempos políticos e sociais difíceis para a emergência da diferença e para a sobrevivência das minorias, é necessário que não façamos das exigências do poder um mandato para a adaptação ao sofrimento. Ignorar a crise, o sofrimento, o surto e o limite é manter-se aliado com o utilitarismo do *status quo*. O que seria mais antipsicanalítico do que fechar os ouvidos para isso? "A resiliência é efetivamente a capacidade que têm alguns sujeitos, mais do que outros, de crer no que o Poder dita e de acatar e transmitir seus mandatos. A resiliência tem, portanto, muito a ver com a obediência e, em nosso(s) país(es), tem uma ressonância sinistra" (Reinoso & Berezín, 2005, p. 4).

Referências e indicações de leitura

Reinoso, G. (1986). Matar la muerte. *Revista Psyché*, (1). https://www.apdh-argentina.org.ar/sites/default/files/u6/matar_la_muerte.pdf.

Reinoso, G. (1991). Posição ética mínima: fazer valer as idéias, apesar das resistências. *Percurso*, *3*(7), 44-47.

Reinoso, G., & Berezin, A. (2005). *Resiliência ou a seleção dos mais aptos*. http://www.sedes.org.br/Departamentos/Psicanalise/pdf/Gilou_Garcia_Reinoso_y_Ana_Berezin.pdf.

NATHALIE ZALTZMAN
(1933-2009)

14. A representabilidade da pulsão de morte

Monah Winograd
Rony Natale

Nos momentos finais de sua produção teórica, Freud (1937/2018) admitiu ser errônea a ideia de que a atividade da pulsão de morte estivesse restrita à observação de materiais patológicos. Vários eventos do cotidiano e da vida psíquica normal seriam explicados pelo funcionamento das correntes pulsionais mortíferas. A produção teórica de Nathalie Zaltzman pretendeu reafirmar essa proposição freudiana ao dilatar o conceito em questão, propondo, além disso, questionamentos e críticas quanto à concepção dessa corrente pulsional.

Embora o conceito tenha sido criado por Freud, em sua clínica Zaltzman viu a necessidade de importantes mudanças de concepção. O questionamento principal diz respeito à ausência de representação da pulsão de morte. Para Zaltzman (1988/2008) as pulsões de morte têm vias próprias para se fazer representar e não comparecem de formas "essencialmente mudas" (Freud, 1923/2011, p. 58) ou apenas participando com contribuições sádicas a Eros, conforme insistiu o autor: "se não quisermos abandonar a hipótese de instintos de morte, será preciso conjugá-los a instintos de vida desde o começo" (Freud 1920/2010, p. 230). Diferente disso, "As figurações da atividade das pulsões de morte abundam" e "não apenas tomam formas de empréstimo à esfera libidinal" (Zaltzman, 1988/2008, pp. 89-90, tradução nossa). Lembremos que, em Freud (1923/2011), a pulsão de morte não se faz representar, sendo uma força que não ingressa no psíquico por meio de representantes, o que só ocorre quando se ligam às pulsões sexuais, proposição que leva Zaltzman a formular sua crítica.

É no trabalho "Une volonté de mort" que Zaltzman (1988/2008) propõe revisar o caráter não representável das pulsões de morte quando não ligadas às pulsões de vida. Na concepção da autora, concebê-las assim as tornaria responsáveis apenas pelo engendramento da compulsão à repetição ou exigiria o conceito sobressalente de pulsões destruidoras, às quais seriam atribuídos seus efeitos perceptíveis.

Seus argumentos percorrem fatos clínicos e situações da vida que remetem ao que seriam representações daquele conceito. A autora concorda que Eros tem ação unificante, uma atividade de ligação, e Tânatos atua promovendo a desorganização, a desagregação, a desunião. Contudo, não concorda com a ocultação dessa força. Zaltzman entende que os argumentos de Freud que tomam a pulsão de morte como silenciosa se contradizem ao atribuírem origem própria e até mais primitiva que a das pulsões de vida às pulsões de morte no psiquismo, ao mesmo tempo que o autor insiste em não reconhecer a atividade dessas forças pulsionais, atribuindo a elas apenas a representabilidade tomada de empréstimo às pulsões de vida.

Essa será uma das mais contundentes críticas de Zaltzman ao autor, embora tenha sido ferrenha defensora do conceito pulsão de morte. Mas Zaltzman (1979/1994) demonstra abundarem as representações das forças tanáticas ligadas ou não a Eros, das quais se destacam aquelas que comparecem na forma insistente de luta e protesto pela vida. Na clínica, mas também no cotidiano de cada um, em comportamentos associais, nas explosões manifestas, no abandono de situações e pessoas. Estariam aí explicitadas diversas formas de figuração dessa atividade pulsional na busca por descarga (Zaltzman, 1988/2008).

A ideia de que Tânatos atua não apenas no silêncio, mas possui diversas formas de se manifestar aponta uma lacuna revelada por Zaltzman na concepção de Freud quanto às pulsões de morte (Tysebaert, 2011). Ao concordar com Freud que o desligamento é o mecanismo de ação da pulsão de morte, a psicanalista pretendeu tornar acessível tal ação, uma vez que correntes mais "fiéis" a Freud teriam deixado incultas as formas específicas de trabalho psíquico das pulsões de morte, "recusando a estas seu próprio modo de figurabilidade e a lógica particular de seu funcionamento" (Zaltzman, 1979/1994, p. 21).

Mas seria possível uma representação não decorrente de investimento libidinal e pela via do princípio do prazer? Não seria propor uma atividade de ligação a Tânatos, força de desligamento por definição? Como resolver tal impasse? Beetschen (2011), tentando elucidar a ideia de Zaltzman, interrogou sobre como seria possível atribuir à pulsão de morte, cujo destino não é o da ligação, uma representação que não fosse vinculada a Eros. O autor indica que, com Zaltzman, a pulsão de morte se impõe enquanto resistência a ligações ou mesmo destruição de ligações não mais bem-vindas ao sujeito. Assim, abre espaço deixado ao desligamento e afirma-se por meio de representações libertárias e concernentes ao indivíduo e suas escolhas singulares.

Se Eros estabelece, por um lado, ligações do excesso disruptivo da pulsão de morte, esta, por sua vez, rompe as ligações feitas por Eros, funcionando como força de separação das ligações estabilizadas – o que permitiria novas ligações e abriria as portas para a chegada do novo, propiciando a mudança. Seria a face de renovação e transformação, alimentada pela mesma fonte que os impulsos mortíferos, qual seja, o aspecto disruptivo e fragmentário da pulsão de morte.

Na clínica são muitas as situações nas quais assistimos ao ímpeto da pulsão de morte, e no trabalho de transferência é necessário estimular, como propõe Zaltzman, a atividade de tal força. Remetemo-nos aqui ao caso de um jovem que, ao longo de muitas sessões, reclamava de sua dificuldade em se relacionar com mulheres, não conseguindo agenciar encontros tampouco manter os que conseguia. Aos poucos foi se escutando quanto à fixação que criou em ficar com mulheres com o intuito único de se relacionar sexualmente, o que o fazia sofrer ainda mais pois não conseguia realizar seu ímpeto. O trabalho da pulsão de morte, nesse caso, consistiu em se desligar dessa ideia fixa e do padrão de pessoas com quem buscava se relacionar. Pôde adquirir liberdade tanto para viver outras formas de satisfação que não apenas a via sexual em seus encontros e se permitir formar laços com pessoas que fugiam do padrão anteriormente buscado, quando a visada era estritamente o sexo.

A ruptura com formas de se relacionar com o mundo e com as pessoas, com as próprias escolhas, a possibilidade de escolher de modo diferente é trabalho do qual participa a pulsão de morte.

Referências e indicações de leitura

Beetschen, A. (2011). Le défi de la déliaison. In N. Zaltman, J. André, A. Beetschen, C. Chabert, C. Ehrenberg, R. Guarnieri, J.-M. Hirt, D. Scarfone, & E. Tysebaert, *Psyché anarchiste: débattre avec Nathalie Zaltzman*. PUF.

Freud, S. (1920/2010). Além do princípio do prazer. In S. Freud, *Obras Completas de Sigmund Freud* (Vol. 13). Companhia das Letras.

Freud, S. (1923/2011). O eu e o isso. In S. Freud, *Obras Completas de Sigmund Freud* (Vol. 14). Companhia das Letras.

Freud, S. (1937/2018). Análise terminável e interminável. In S. Freud, *Obras Completas de Sigmund Freud* (Vol. 19). Companhia das Letras.

Tysebaert, E. (2011). Tremper sa plume dans la vie. In N. Zaltman, J. André, A. Beetschen, C. Chabert, C. Ehrenberg, R. Guarnieri, J.-M. Hirt, D. Scarfone, & E. Tysebaert, *Psyché anarchiste: débattre avec Nathalie Zaltzman*. PUF.

Zaltzman, N. (1979/1994). *A pulsão anarquista*. Escuta.

Zaltzman, N. (1986/1999). Baiser la mort? In N. Zaltman, *De la guérison psychanalytique*. PUF.

Zaltzman, N. (1988/2008). Une volonté de mort. *Topique - Revue Freudiene*, (100).

JEAN-PIERRE PINEL (1952-2022)

15. Homologia funcional e patológica[1]

Pablo Castanho

Os conceitos de homologia funcional e homologia patológica são referências úteis para psicanalistas que atendem usuários em instituições ou que realizam trabalhos de acompanhamento de equipes. Resumidamente, ambos partem da compreensão de que os usuários de um serviço, por diferentes vias, fazem emergir em cada profissional (e nos vínculos de equipe) suas questões psíquicas menos simbolizadas. Esse processo pode levar a organizar os vínculos e o funcionamento da equipe em espelho à problemática dos usuários, caracterizando a homologia patológica. Alternativamente, quando é suficientemente possível conter, reconhecer e tratar esses efeitos sobre a equipe, estamos no campo da homologia funcional, onde há ganhos expressivos para o tratamento dos usuários.

---

[1] No breve tempo de redação desse texto, Jean-Pierre Pinel nos deixou. Partiu de modo totalmente inesperado, pouco antes de completar seus 70 anos de idade, no auge de sua vitalidade intelectual. Seu trabalho marcou vidas e organizações. Esse texto se iniciou como uma celebração de uma mente em produção e foi finalizado sob a sedução de se tornar uma elegia.

A formulação de Jean-Pierre Pinel insere-se em uma genealogia de conceitos e noções similares desenvolvidos por psicanalistas em instituições asilares de saúde mental. Nesse histórico, destacamos os trabalhos de Stanton e Schwartz no Chestnut Lodge (EUA) e os trabalhos de Jean Oury e Paul-Claude Racamier na França (Pinel, 2020a). Outra referência importante é a perspectiva de José Bleger (1966/1999), para quem "a instituição tende a adquirir a mesma estrutura e o mesmo sentido que o problema que se propõe resolver" (p. 91, tradução nossa).

Há certamente originalidade no pensamento de Bleger, notadamente ao enunciar o tema em relação à tarefa primária da instituição (o que ela "se propõe a resolver") e ao generalizar o fenômeno para além das instituições asilares de saúde mental, objeto dos primeiros estudos. Porém, contrastando com Pinel, Bleger limita-se ao que seria o aspecto clinicamente negativo do fenômeno, ou seja, a homologia patológica. Já para Pinel (2020b), a tendência apontada por Bleger é tomada como "alavanca potencial, fundamental, para o engajamento de um processo terapêutico institucional" (p. 71, tradução nossa), em um passo adicional que nos leva à homologia funcional.

Além de revisitar esse fenômeno, enriquecendo-o e especificando-o através da perspectiva dos grupos e instituições de René Kaës, outra importante colaboração de Pinel deriva da especificidade da população com a qual trabalha. Enquanto os estudos anteriores focaram na psicose e nos efeitos de clivagem sobre a equipe, Jean-Pierre Pinel trabalha com adolescentes com patologias dos limites e seus efeitos de fragmentação sobre as equipes. Assim, abre a perspectiva de que haja diferentes mecanismos psíquicos em obra (como a cisão ou a fragmentação), conforme a clientela atendida.

Em diálogo com os que lhe precederam, em especial com Racamier, Pinel avança na compreensão dos passos que constituem esse tipo de clínica. As reuniões de discussões clínicas da equipe ou seus encontros com um analista externo seriam o *locus* do processo. A reunião da equipe teria o potencial de superar o que estaria difratado, clivado ou fragmentado. Pinel postula que seus adolescentes, na impossibilidade de representarem suas dificuldades psíquicas, passam ao agir. Tais "agires" convocam nas equipes "contra-agires". Quando os membros da equipe podem recapitular os "agires" e "contra-agires" e o que sentem nesta relação, vão progressivamente avançando no processo de colocar em figurabilidade os elementos psíquicos arcaicos em jogo e restabelecendo a capacidade de pensar e compreender aspectos dos casos, com importantes ganhos para o processo terapêutico dos usuários.

Como exemplo, apresentarei uma situação um pouco diferente das normalmente encontradas na literatura, por se tratar de um episódio ocorrido em uma escola regular. Se o episódio se encerrasse no primeiro parágrafo a seguir, teríamos um exemplo de homologia patológica. Porém, a narrativa contida no conjunto dos dois parágrafos caracteriza a homologia funcional

Vamos à vinheta: um aluno de terceiro ano do Ensino Médio começa a se isolar progressivamente e apresentar algumas falas paranoicas. Certo dia, ele coloca-se a gritar, faz menção de agredir um colega e acaba machucando-se. Funcionários da escola o acolhem e, na impossibilidade de a família fazê-lo, o levam para um serviço de pronto atendimento que trata de suas feridas e o libera em seguida. O rapaz segue frequentando a escola, mesmo em delírio evidente. Fica claro que os familiares não conseguem organizar formas de cuidado sozinhos. A escola se propõe a acionar a rede de cuidado, mas o aluno recusa qualquer forma de tratamento em um primeiro momento. Até que a situação se estabilize temos cerca de um mês com marcada implicação da escola envolvendo a família e agentes de saúde. A direção cria um grupo de trabalho para o caso com docentes e funcionários que tenham bom contato com o aluno e disposição para ajudar. O psicólogo da escola é ativo nesse grupo. O aluno mobiliza muito alguns amigos ao seu redor, que interagem de diferentes modos com os profissionais da escola falando sobre o caso. Começam a surgir ataques mais ou menos velados entre os profissionais, com acusações cruzadas de que membros da equipe não estariam agindo corretamente com o aluno, fomentando sua exclusão, invadindo-o ou sendo omissos. Há inclusive momentos em que profissionais agem em conluio com o estudante e seus amigos escondendo procedimentos e sabotando as iniciativas da instituição.

Nesse contexto, as reuniões do grupo de trabalho (formado pela direção) tornam-se o espaço fundamental do processo de cuidado. Nelas, rapidamente, as diversas representações e sentimentos relacionados à situação circulam, gerando um primeiro efeito de surpresa quando uns constatam que os outros estão tão implicados e preocupados com riscos de exclusão e abandono quanto outros. A retomada no grupo dos relatos do aluno e seus amigos, feitos separadamente a cada profissional, evidencia o mosaico contraditório das narrativas sobre a instituição e seus agentes. A evocação constante, em linguagem acessível, do fenômeno da homologia pelo psicólogo parece ter sido fundamental para que a equipe não tenha se entregado a brigas internas, agindo as fortes angústias de desvalorização narcísica e de vazio presentes. O compartilhamento em grupo, a nomeação e a construção de sentido sobre essas angústias permitiram que se tornassem vias de compreensão sobre o rapaz.

Percebe-se que a fragmentação que as narrativas causavam na equipe espelhava a fragmentação psíquica vivida por esse aluno de forma aguda. Entendemos que esse processo gera benefícios ao aluno, tanto do ponto de vista vincular, auxiliando seu retorno posterior ao ambiente escolar, quanto como sujeito, pelo que pudemos constatar da evolução do seu modo de pensar e narrar sua crise.

Referências e indicações de leitura

Bleger, J. (1966/1999). *Psicohigiene y psicologia institucional*. Paidós.

Pinel, J.-P. (1989). Les fonctions du cadre dans la prise en charge institutionnelle. *Revue de Psychothérapie Psychanalytique de Groupe*, *13*, 77-88.

Pinel, J.-P. (2020a). Une brève histoire des cliniques institutionnelles In J.-P. Pinel & G. Gaillard (Orgs.), *Le travail psychanalitique en instituition: manuel de cliniques institutionelles*. Dunod.

Pinel, J.-P. (2020b). Le traitement institutionnel des pathologies des limites. In J.-P. Pinel & G. Gaillard (Orgs.), *Le travail psychanalitique en instituition: manuel de cliniques institutionelles*. Dunod.

EDNA O'SHAUGHNESSY
(1924-2022)

16. A defesa psicótica e o "não pensamento"

Ricardo Cavalcante

Um dos ramos do pensamento teórico e clínico de Edna O'Shaughnessy brota em direção à ideia de que a organização defensiva de tipo psicótico, em vez de promover a formação de uma mente pensante, leva ao desenvolvimento de um "aparelho para se livrar de maus objetos" (O'Shaughnessy, 1992, p. 91). Como na maior parte de sua produção escrita, o artigo em que apresenta essa ideia, intitulado "Psychosis: not thinking in a bizarre world", traz relatos de sua experiência clínica no intuito de promover a construção de uma tessitura entre seu próprio pensamento psicanalítico e a tradição do campo no qual está inserida, ligada especialmente a Freud, Klein e Bion. Seguindo o espírito investigativo da autora, apresento adiante uma breve vinheta clínica para disparar uma discussão teórico-clínica, na busca de transmitir ao leitor a ideia de O'Shaughnessy.

Stela chega ao meu consultório logo após um colapso. Conta que estava em seu quarto quando sentiu uma "fisgada no cérebro". Foi a terceira vez que algo dessa ordem aconteceu com ela ao longo dos últimos dez anos e estava muito assustada, uma vez que precisou sair do trabalho repentinamente. Preocupa-se e se sente muito angustiada com o que os outros vão pensar dela. Relata sentir uma "desconexão cerebral": não consegue assistir a um filme e muito menos ler um livro, pois "os pensamentos escorrem" e se sente perdida, sem entender as histórias. A única coisa que esteve fazendo nos últimos dias foi assistir repetidamente, na internet, a vídeos de um grupo terrorista realizando decapitações em inimigos que foram capturados. Também ficou muito envolvida com um seriado da televisão que narra e ilustra, em detalhes, acidentes de avião. Em seus primeiros meses de análise tenta desvendar o que a leva a esse estado de "queda", mas acha difícil pensar e declara que deve ser como um acidente de avião, uma infeliz confluência de fatores.

Para podermos compreender de onde vem a noção do psiquismo psicótico como um aparelho evacuativo de maus objetos, vejamos alguns aspectos da tradição psicanalítica que compõem as bases da ideia de O'Shaughnessy, apresentados pela própria autora em seu artigo de 1992. Em 1924, nos dois textos em que se dedica a pensar sobre a perda da realidade na neurose e na psicose, Freud inicia com uma distinção *grosso modo*: enquanto na neurose há um conflito entre eu e id, na psicose ocorre "uma perturbação nos laços entre o eu e o mundo exterior" (1924/2011a, p. 177). Na neurose haveria uma preponderância da aceitação da realidade ao custo de uma repressão pulsional, ao passo que na psicose a relação com a realidade seria perdida (Freud, 1924/2011b). Para a autora, o pensamento de Freud acerca da psicose leva em consideração, principalmente, a ideia de perda da realidade, as tentativas delirantes de cura e um ódio intrínseco ao pensamento e à realidade.

Melanie Klein (1946/1991), por sua vez, aborda a psicose partindo das ansiedades. Em sua concepção, as ansiedades mais arcaicas ou primevas são fundamentalmente psicóticas em seu conteúdo. O desenvolvimento satisfatório do infante leva adiante a perlaboração dessas ansiedades, de forma a promover uma modificação em seus conteúdos e nas defesas a elas associadas. Entretanto, quando esses processos não ocorrem a contento e um atravessamento dessas ansiedades fica obstruído, é possível que as ansiedades primárias e suas figuras terroríficas passem a dominar a mente da criança e, posteriormente, do adulto psicótico. Nesses casos a tendência é que se faça presente uma forma de defesa radical e anterior à repressão, a saber, a identificação projetiva. Trata-se de um movimento psíquico em que, por meio das fantasias inconscientes, aspectos indesejados do *self* ou do objeto interno são fragmentados, cindidos em mínimos pedaços, e expelidos em direção ao exterior.

Essas ideias de Freud e Klein reverberam e se transformam no pensamento de Bion a partir de sua experiência clínica com pacientes psicóticos. O autor pensará em duas precondições para a gênese da psicose, a saber, uma disposição inata altamente adversa e sua interação com um ambiente hostil. Quanto ao primeiro fator, estariam presentes uma preponderância de impulsos destrutivos, fruto de um conflito nunca resolvido entre pulsões de vida e de morte, e ansiedades terríveis que trazem consigo o pavor de uma aniquilação iminente (Bion, 1957/2014). Somado a esses fatores, sempre inter-relacionados, estaria presente também uma total intolerância à frustração. Sobre o ambiente hostil, cabe observar a evolução que o autor promove na ideia kleiniana de identificação projetiva: para além de uma defesa estaríamos lidando com uma forma pré-verbal de comunicação. O ambiente hostil, nesse sentido, é aquele que não é capaz de receber o ingresso das projeções realizadas pelo infante, fazendo com que os conteúdos projetados retornem piorados por sua estadia fora da psique – estaríamos lidando aqui com uma catástrofe psíquica no âmbito da comunicação (Bion, 1959/2014).

É em consonância com esse arcabouço teórico e histórico da psicanálise que O'Shaughnessy constrói seus pensamentos acerca das defesas psicóticas. A autora traz a ideia de que um objeto indisponível para receber as projeções do bebê será experienciado como uma fonte externa e adicional de destruição da comunicação, da percepção e da consciência. Identificações projetivas excessivas contra o próprio aparelho perceptivo sensorial, com o intuito de destruir o contato com uma realidade frustrante, fazem com que os sujeitos predominantemente psicóticos fiquem rodeados de "objetos bizarros", tornando indistintas as barreiras entre sonho e vigília, delírio e realidade, dentro e fora ou, ainda, eu e não eu. O'Shaughnessy (1992) ainda vai adiante: as próprias frustrações são concretamente sentidas como a presença de um mau objeto, fazendo com que "Ao invés de começar a desenvolver uma mente para pensar, é comum que tal psiquismo tenha se tornado um aparelho para se livrar de maus objetos" (p. 91).

Retomando a vinheta clínica, penso que no caso de Stela, uma paciente com partes psicóticas muito ativas (Bion, 1957/2014), o seriado sobre acidentes de avião pode ser tomado como metáfora para a catástrofe psíquica constituída pelas utilizações excessivas de identificações projetivas que não encontram um objeto receptor. Os destroços e pedaços de corpos de um evento dessa magnitude nos ajudam a pensar em suas partes cindidas em minúsculos pedaços e expelidas de sua mente. As cenas de decapitações, por sua vez, podem ser aproximadas daquilo que ela nomeava como uma desconexão cerebral ou pensamentos que escorriam: a perda da capacidade de pensar e tomar contato com uma realidade frustrante que, por ter essa característica, precisa ser evacuada.

Referências e indicações de leitura

Bion, W. R. (1957/2014). The differentiation of the psychotic from the non-psychotic personalities. In W. R. Bion, *The Complete Works of W. R. Bion* (Vol. 6). Karnac.

Bion, W. R. (1959/2014). Attacks on linking. In W. R. Bion, *The Complete Works of W. R. Bion* (Vol. 6). Karnac.

Freud, S. (1924/2011a). Neurose e psicose. In S. Freud, *Obras Completas de Sigmund Freud* (Vol. 16). Companhia das Letras.

Freud, S. (1924/2011b). *A perda da realidade na neurose e na psicose.* In S. Freud, *Obras Completas de Sigmund Freud* (Vol. 16). Companhia das Letras.

Klein, M. (1946/1991). Notas sobre alguns mecanismos esquizoides. In M. Klein, *Inveja e gratidão e outros trabalhos (1946-1963).* Imago.

O'Shaughnessy, E. (1992). Psychosis: not thinking in a bizarre world. In R. Anderson (Ed.), *Clinical lectures on Klein and Bion.* Routledge.

O'Shaughnessy, E. (2015). *Inquiries in psychoanalysis: collected papers of Edna O'Shaughnessy.* Routledge.

CHARLES MELMAN (1931-2022)

17. As toxicomanias como sintoma social

Rita de Cássia dos Santos Canabarro

Freud (1930/1987), no clássico texto "Mal-estar na civilização", defende que o uso de substâncias entorpecentes constitui uma das principais formas de se evitar o contato direto com a realidade, o que torna esse ato uma medida basicamente autodependente. Somente com o recurso a uma substância intoxicante o indivíduo conseguiria afastar de si todos os infortúnios, tornando-se, assim, imune àquilo que poderia causar-lhe sofrimento.

Conforme argumenta Freud, a satisfação irrestrita das necessidades apresenta-se como o método mais tentador de conduzirmos nossas vidas, o que se opõe fortemente aos propósitos da vida em sociedade. Como tão bem nos esclareceu o médico vienense, o grande gerador do sofrimento humano é o conflito existente entre os interesses do sujeito e os interesses da civilização, uma vez que a vida em sociedade impõe ao sujeito a renúncia a uma parcela de sua satisfação pulsional. Nesse sentido, segundo Freud, o que constitui o passo decisivo da civilização é a substituição do poder do sujeito pelo poder da civilização, de forma que os laços sociais só podem ser estabelecidos quando os sujeitos aceitam renunciar a alguns modos de satisfação pulsional. Quando uma maioria reunida se torna mais forte do que qualquer sujeito isolado e permanece unida contra todos os sujeitos isolados, a vida humana em comum torna-se possível.

Melman (2000) realiza a retomada das concepções freudianas acerca do conflito existente entre sujeito e civilização para situar as toxicomanias como *um sintoma social*. De acordo com o autor, a tentativa engendrada pelo toxicômano refere-se a uma tentativa de *remediar o mal-estar gerado pela civilização*.

Como nos lembra Lacan (1974/1986), existe apenas um sintoma social, qual seja, aquele que não faz laço social. Assim, o sintoma social não faz discurso, ele se interpõe a um discurso, o discurso dominante, de forma a produzir ruptura no laço social estabelecido. Nesse sentido, para Melman (2000), as toxicomanias aludem a *tentativas radicais de desfazer o nosso laço social* e demonstram que, atualmente, cada vez menos os sujeitos se dispõem a realizar a renúncia ao objeto em prol de uma vida em sociedade.

A dificuldade no estabelecimento de vínculos e a ruptura de vínculos (fragilmente) constituídos são características marcantes nas toxicomanias, como ilustram os textos produzidos por dois pacientes de um Centro de Atenção Psicossocial – Álcool e Outras Drogas (CAPS-ad) que participavam de uma atividade em grupo denominada "Atelier de Escrita", que foi acompanhada por mim durante o período de realização da minha pesquisa de mestrado:

> *Caminhei por um campo de um vale verde. Subi em pedras e sumi.*
> *Agora estou aqui no meio da mata tão perto de mim e longe de tudo que costumo ficar. Perdi de vista a fumaça da civilização que costumava me maltratar.*

> *Mas nesta caminhada que fiz, e no bom senso de estar aqui tão em paz meditando ao ar puro, simplesmente penso neste mal-estar de ter que voltar.*
> *Sair de mim no meio desta mata para aquela fumaça de civilização ter novamente que respirar (Canabarro, 2011, p. 34).*

> *Eu passei muito tempo fugindo dos outros*
> *sem perceber que fugia de mim mesmo.*
> *Assim foi a bebida em minha vida,*
> *eu achava que as outras pessoas estavam*
> *saindo de minha vida sem me dar*
> *conta que era eu quem estava me afastando*
> *dos outros e até de mim mesmo (Canabarro, 2011, p. 35).*

Para Melman (2000, 2003), a *sociedade de consumo* na qual vivemos repousa sobre um ideal que é realizado pelo toxicômano e é isso que o leva a ver o drogadito como o estofo dessa sociedade, como a sua verdade. Por essa via, o autor defende que o toxicômano vai até o final do desejo do neurótico, "que é o fantasma da existência de um bem soberano, que reencontraríamos, se se consentisse em ir até o fim de nosso desejo, sob a forma de um objeto que viria nos preencher, nos satisfazer" (Melman, 2000, p. 95).

Nesse sentido, postula Melman, como a causa da toxicomania é social, qualquer um pode vir a tornar-se toxicômano, uma vez que o que o discurso social vigente vende é que o gozo perdido primitivamente pode ser recuperado, de forma que o sujeito, ao adquirir um objeto, pode ser capaz de bastar-se a si mesmo sem precisar estabelecer qualquer outro tipo de relação. Diante de um discurso que comanda o sintoma social e ataca o laço social, a toxicomania, segundo Melman (2000), acaba por reduzir o laço social a uma dualidade (sujeito-objeto), como demonstra a fala de um paciente do CAPS-ad:

> *Eu não preciso de amigo. Eu faço tudo sozinho. Não preciso de ninguém. Não preciso de mãe, não preciso de amigo, não preciso de ninguém... Eu consumo a droga sozinho (Canabarro, 2011, p. 42).*

De acordo com Melman (2000), ao tentar barrar as incidências do processo civilizatório, o drogadito acaba por engendrar um tipo de satisfação obtido por meio da droga, nociva e tóxica. Por essa via, a substância química acaba tornando-se, para o toxicômano, uma parceira essencial e exclusiva. Em função dessa peculiaridade, defende o autor, o toxicômano encontra-se em uma dependência vital em relação a um objeto cujo consumo é crescente e representa o ideal visado pela sociedade industrial. Melman (2000, 2003) indica que as drogadições apresentam estreita relação com o modo como a sociedade tem se organizado nos últimos tempos, sendo que o aspecto mais enfatizado pelo psicanalista no que diz respeito a essa questão é a aproximação entre as toxicomanias e a forma como a sociedade capitalista se organiza.

Referências e indicações de leitura

Canabarro, R. C. S. (2011). *Toxicomanias e psicanálise: algumas considerações* [Dissertação de Mestrado, Instituto de Psicologia da Universidade Federal do Rio Grande do Sul]. https://lume.ufrgs.br/handle/10183/31795.

Freud, S. (1930/1987). Mal-estar na civilização. In S. Freud, *Edição Standard Brasileira das Obras Psicológicas Completas de Sigmund Freud* (Vol. XXI). Imago.

Lacan, J. (1974/1986). A Terceira. *Che Vuoi?: Psicanálise e Cultura*, *1*(1), 14-42.

Melman, C. (2000). *Alcoolismo, delinquência, toxicomania: uma outra forma de gozar*. Escuta.

Melman, C. (2003). *Novas formas clínicas no início do terceiro milênio*. CMC.

OTTO KERNBERG

18. Organização de personalidade

Fernanda Barcellos Serralta

A teoria da personalidade desenvolvida por Otto Kernberg e colaboradores no Instituto de Transtornos da Personalidade do Weill Cornell Medicine é fruto de mais de três décadas de articulação entre observação clínica e pesquisa empírica. Sustentado na teoria das relações objetais contemporânea, o modelo preconiza que a internalização dos padrões relacionais com os cuidadores primários é aspecto central ao desenvolvimento psicológico ulterior. Relações objetais são representações dos padrões de relacionamento na mente do indivíduo. Elas influenciam como a pessoa se relaciona com as demais, inclusive o terapeuta. Sua identificação e sua interpretação são essenciais para o tratamento das perturbações da personalidade (Caligor et al., 2018).

A personalidade consiste na integração dinâmica das experiências subjetivas e dos padrões comportamentais conscientes e inconscientes da pessoa (Kernberg, 2016). A noção de estrutura é processual e dinâmica, sendo entendida como processos psicológicos diversos e relativamente estáveis que configuram uma disposição que organiza a experiência e o comportamento (Caligor et al., 2018).

O temperamento é expresso pela reatividade afetiva que constitui o sistema motivacional primário. Com base neurobiológica, esse sistema no início da vida é particularmente afetado pelo processo psicológico de apego-separação. O caráter e a identidade do ego complementam-se como constituintes das relações internalizadas com os outros. Inicialmente, as experiências "boas" ou "más" vão formar modelos internos excludentes idealizados ou persecutórios que cristalizarão padrões de comportamento (o caráter). Paralelamente, ocorre a consolidação da identidade, na medida em que as representações de *self* (e de outros) vão sendo integradas. O temperamento e as experiências traumáticas e de gratificação vão favorecer ou dificultar essa integração (Kernberg, 2016).

O sistema de valores morais, análogo ao conceito de superego freudiano, reflete as internalizações de compromissos éticos e morais nos relacionamentos interpessoais e sociais. Seus precursores são as proibições parentais que são internalizadas inicialmente como perigos de abandono ou aniquilamento (pelas distorções da fantasia), bem como as expectativas e as recompensas parentais que propiciarão a internalização do ideal de outro e de *self* que vão auxiliar a neutralizar os aspectos persecutórios da experiência e, gradativamente, favorecer representações menos distorcidas. Esse processo culmina com a internalização mais realística de valores do grupo social mais amplo (Kernberg, 2016).

Defesas são respostas automáticas e inconscientes a estressores e conflitos que podem ser classificadas como: maduras – flexíveis e com mínimas distorções da realidade interna e externa; neuróticas – baseadas no processo da repressão, que retira da consciência aspectos conflitivos ou desconfortáveis da experiência subjetiva; e primitivas – baseadas na cisão, que permite a consciência dividida de aspectos conflitivos, ou seja, não ao mesmo tempo ou não em relação ao mesmo objeto (Caligor et al., 2018).

Outro componente importante da estrutura da personalidade é a inteligência, produto de aspectos genéticos e da qualidade das primeiras experiências. Via de regra as altas capacidades cognitivas são protetivas: favorecem as percepções realísticas e a modulação afetiva e contribuem para mitigar efeitos de ambientes traumáticos. No entanto, em situações extremas, podem levar a maiores distorções da realidade e a estratégias defensivas mal-adaptativas (Kernberg, 2016).

As estruturas latentes da personalidade são observáveis a partir de vários indicadores que caracterizam o funcionamento geral do indivíduo e sinalizam o grau de integração ou patologia da personalidade. A avaliação pode ser somente pela observação clínica usual ou mediante a aplicação de entrevista estruturada, como a STIPO-R (Clarkin et al., 2019), que permite a avaliação qualitativa e quantitativa dos domínios fundamentais para o diagnóstico estrutural da personalidade.

Na avaliação, é relevante examinar a natureza e a organização dos traços de caráter (padrões de comportamento, relacionamento, cognição e emoção), o grau de flexibilidade ou rigidez desses traços, o grau de adaptação ou disfunção que acarretam, os valores morais e ideais do indivíduo, e o seu nível de contato com a realidade (teste de realidade). O diagnóstico estrutural discrimina os níveis normal, neurótico (patologia leve) e *borderline* (patologia grave).

Indivíduos com desenvolvimento normal possuem identidade coesa e estável, usam predominantemente defesas maduras para lidar com a angústia, são flexíveis e possuem contato adequado com a realidade. Indivíduos organizados em nível neurótico possuem identidade bem consolidada, utilizam mecanismos centrados na repressão, apresentam rigidez de traços e teste de realidade preservado e estável. Já os indivíduos com organização *borderline* caracterizam-se por difusão da identidade, defesas primitivas baseadas na cisão (separação das representações boas e más), rigidez acentuada de traços e teste de realidade essencialmente preservado, mas que se deteriora sob intensa emoção (nos contextos interpessoais significativos). A capacidade de identificar estados mentais internos está prejudicada (Caligor et al., 2008; Kernberg, 1995).

O caso a seguir ilustra a aplicação do diagnóstico estrutural na prática clínica: Paula tem 25 anos e buscou psicoterapia em razão de sintomas de depressão (tristeza, irritabilidade e choro) e insatisfação no trabalho. Trabalhava como cuidadora numa clínica de idosos e sentia que não era suficientemente valorizada pela chefia. Nas sessões iniciais, ao adotar postura inquisidora para obter informações sobre a qualidade das relações objetais e coesão de *self* da paciente (por exemplo, solicitando descrições de si mesma e explorando os seus relacionamentos atuais e passados), a terapeuta identificou que, apesar de sua razoável capacidade de *insight* e das queixas típicas de patologia leve (neurótica) de personalidade, a paciente mantinha um padrão de relacionamentos emocionalmente abusivos, sentia-se vazia e tinha episódios de compulsão alimentar. Com base nessa identificação precoce da fragilidade psíquica indicativa de uma organização *borderline* de personalidade, a terapeuta planejou tratamento mais construtivo que analítico, visando sobretudo promover maior integração das representações *self*-objeto e capacidade para lidar com a angústia mediante exploração dos padrões de relacionamentos internos e externos e da transferência.

Referências e indicações de leitura

Caligor, E., Kernberg, O. F., & Clarkin, J. F. (2008). *Psicoterapia dinâmica das patologias leves de personalidade.* Artmed.

Caligor, E., Kernberg, O. F., Clarkin, J. F., & Yomans, F. E. (2018). *Psychodynamic therapy for personality pathology: treating self and interpersonal functioning.* American Psychological Association Publishing.

Clarkin, J. F., Caligor, E., Stern, B., & Kernberg, O. F. (2019). *Manual for the Structured Interview of Personality Organization-Revised (STIPO-R).* https://www.borderlinedisorders.com/assets/STIPORmanual.July2019FINALMod.pdf.

Kernberg, O. F. (1995). *Transtornos graves de personalidade: estratégias psicoterapêuticas.* Artes Médicas.

Kernberg, O. F. (2016). What is personality? *Journal of Personality Disorders, 30*(2), 145-156.

RENÉ KAËS

19. O conceito de transmissão psíquica geracional e a clínica psicanalítica de casais e famílias

Isabel Cristina Gomes

Nosso objetivo neste capítulo é apresentar o conceito de transmissão psíquica em Kaës, que, por sua vez, parte de uma ampliação do pensamento freudiano. Em seguida discutiremos a importância desse mecanismo psíquico na formação dos sintomas e nas demandas referentes a uma clínica psicanalítica de casal e família.

Kaës discute inicialmente a própria semântica do termo "transmissão", ou seja, quando esta se equipara à noção de transferência no sentido psicanalítico tradicional e serve para designar o que se transmite por hereditariedade ou herança (Kaës et al., 2001). Para tanto, o autor retorna às ideias de Freud contidas em *A interpretação dos sonhos* (1900/1980), em que observamos a passagem ou transferência de conteúdos inconscientes para o pré-consciente e o consciente, seguindo uma lógica anatômica no entendimento do funcionamento do aparelho psíquico, no qual o inconsciente é definido a partir da oposição entre o mundo de vigília e o sonhar.

Na releitura de alguns textos freudianos sobre as histéricas e especificamente em *Totem e tabu* (1912-1913/1980), Kaës encontra as bases para fundamentar a importância desse mecanismo de transmissão psíquica, que ocorre de geração em geração, como formador do psiquismo individual, dos grupos (incluindo a família), da cultura e da sociedade. Portanto, o referido autor inaugura uma nova tópica que complementa o sujeito do inconsciente freudiano na medida em que o insere numa cadeia de continuidade geracional. Assim, todo indivíduo carrega dentro de si, de modo consciente ou inconsciente, uma noção de pertencimento grupal relacionada primeiramente à sua história familiar e geracional, que se conecta com determinantes sociais e culturais. De posse desses referenciais teóricos, Kaës institui a passagem de uma psicanálise intrapsíquica para aquela que se dedicará ao sujeito instituído no grupo, a partir dos vários tipos de vínculos que surgirão ao longo da vida, a denominada psicanálise intersubjetiva.

Segundo o autor, podemos encontrar dois tipos de transmissão psíquica quando pensamos no sujeito e seus vínculos. A primeira é a transmissão intersubjetiva, também denominada intergeracional, que acontece *entre* as gerações e é representada por tradições, identificações, valores que organizam uma história ou mito familiar. Por exemplo, encontramos nas famílias narrativas que são transmitidas conscientemente pelos mais velhos, testemunhas de uma época e de valores que se tornam um legado a ser transformado ao longo das gerações subsequentes. A segunda é a transmissão transpsíquica ou transgeracional, que ocorre *através* das gerações. De caráter mais inconsciente, ela representa lutos não elaborados, segredos, histórias de violência, vazios, migrações, traumas, enfim, toda a gama de situações que não permitem elaborações e atravessam o psiquismo dos sujeitos, de uma geração a outra, de forma direta e pela repetição. É por essa via que frequentemente observamos as formações de sintomas, tanto no que diz respeito à clínica psicanalítica individual quanto à de família ou casal.

Se para Freud a descoberta da situação traumática, real ou fantasmática, é a raiz etiológica dos sintomas psíquicos, em Kaës o transgeracional leva o sujeito de herdeiro a escravo, determinando *a priori* seu funcionamento mental e suas defesas, bem como suas escolhas vinculares subsequentes. Essa conceituação nos ajuda a entender algumas dinâmicas patológicas no casal, principalmente a violência conjugal.

Vejamos, como ilustração, um pequeno fragmento clínico: Maria vem buscar atendimento psicológico para sua filha pré-adolescente pois tem medo da proximidade desta com o pai ex-presidiário. Entretanto, após as entrevistas iniciais descobrimos que Maria vinha de uma família na qual o pai era usuário de drogas e extremamente violento com a mãe, fato presenciado por ela até o pai abandoná-las. Mãe e filha vão viver na casa da avó materna (bisavó da pré-adolescente), que também sofria violência física do marido (avô de Maria).

Temos aqui três gerações de mulheres que repetem, na escolha de parceiros, uma constituição do feminino derivada da submissão à força e ao poder do homem. Maria repete, sem possibilidade de transformação, esse designío que a leva para relações agressivas, inicialmente com o pai de sua filha e depois com o atual marido. É a partir do entendimento de sua demanda latente que sugerimos uma terapia de casal. Esta teve como objetivo aprofundar a compreensão dos motivos inconscientes na escolha dos cônjuges, possibilitar elaborações que permitissem uma nova dinâmica conjugal ou a separação, bem como estancar essa transmissão que, com certeza, recairia sobre a pré-adolescente. Portanto, o espaço terapêutico oferecido teve como vértice uma abordagem curativa e outra preventiva para o sofrimento vincular.

Referências e indicações de leitura

Freud, S. (1900/1980). A interpretação dos sonhos. In S. Freud, *Edição Standard Brasileira das Obras Psicológicas Completas de Sigmund Freud* (Vol. IV-V). Imago.

Freud, S. (1912-1913/1980). Totem e tabu. In S. Freud, *Edição Standard Brasileira das Obras Psicológicas Completas de Sigmund Freud* (Vol. XIV). Imago.

Kaës, R., Faimberg, H., & Enriquez, M. (2001). *Transmissão da vida psíquica entre gerações*. Casa do Psicólogo.

Kaës, R. (2005). *Os espaços psíquicos comuns e partilhados: transmissão e negatividade*. Casa do Psicólogo.

Kaës, R. (2007/2011). *Um singular plural: a psicanálise à prova do grupo*. Edições Loyola.

20. As relações intersubjetivas sob a perspectiva do conceito das alianças inconscientes

Simone Kelly Niklis Guidugli

René Kaës foi o responsável por trazer à psicanálise o conceito de alianças inconscientes, que foi trabalhado por ele gradativamente em seu percurso teórico e clínico e que muito contribuiu para a compreensão do funcionamento dos fenômenos intersubjetivos nas diversas configurações vinculares. O conceito tornou-se base teórica fundamental que incorpora elementos novos para pensar tais fenômenos nas relações entre casais, famílias, grupos e instituições, algo que faltava na psicanálise, vide seu caráter intrassubjetivo em sua tradicionalidade.

Segundo o autor, "contrair uma aliança é o ato por meio do qual duas ou mais pessoas ligam-se entre si para realizar um objetivo específico, o que implica de sua parte um interesse comum e um compromisso mútuo" (Kaës, 2007/2011, p. 198). Nessa lógica, cada sujeito necessita do outro para realizar os desejos inconscientes, sendo que o acordo resultante permanece inconsciente na maior parte das situações.

René Kaës (2009/2014) esclarece que as alianças inconscientes estão inscritas em dois espaços psíquicos, quais sejam, o do inconsciente do sujeito e o do inconsciente na relação com um outro, ou com mais de um outro, quando for o caso. Ele propõe o uso do termo ao se referir aos fenômenos psíquicos comuns e compartilhados que se misturam entre as relações inconscientes que envolvem os sujeitos de uma relação entre si e destes com o grupo ao qual estão vinculados e dos quais tomam parte e também são partes constituintes.

Sendo a qualidade inconsciente a principal característica das alianças inconscientes pela qual Kaës se interessa, torna-se necessário lembrar que Freud (1915/1996), na primeira tópica de sua teoria da estrutura do aparelho psíquico, traz o conceito do recalcamento associando-o à origem do inconsciente, afirmando que tudo aquilo que não pode tornar-se conhecido ao sujeito sofre o impacto potente do recalcamento, sendo este conteúdo então destinado às profundezas desta instância psíquica.

Por outro lado, o recalcamento também se faz necessário e é produzido na vida em comum entre as pessoas, fato que Kaës compreende como algo que fundamenta a intersubjetividade e as relações intersubjetivas. Segundo o autor, ele caracteriza a necessidade do recalque como condição da aliança e depende das relações internas entre pulsões e representações. Kaës (2009/2014) afirma que "o recalcamento não é, portanto, somente uma tomada de distância do consciente: o recalcamento no inconsciente instaura o mesmo. E nesse processo, a aliança inconsciente desempenha um papel decisivo" (p. 45).

Os objetivos das alianças inconscientes dizem respeito tanto a assegurar os investimentos vitais pela manutenção da relação e da existência de seus membros – o que exigirá, portanto, uma reciprocidade e uma comunidade de investimentos narcísicos e objetais – quanto a constituir uma reciprocidade e uma comunidade de mecanismos de defesa para lidar com os diversos modos do negativo na vida psíquica individual e coletiva. A maior parte das alianças é estabelecida com o objetivo de lidar com essa questão (Kaës, 2009/2014).

O autor estabelece quatro grandes tipos de alianças inconscientes, afirmando que há diversos critérios utilizados para distinguir e descrever as alianças inconscientes (os modos de produção de material inconsciente que elas utilizam, os processos que elas põem em ação, as estruturas, os conteúdos e as funções psíquicas que elas mobilizam e, ainda, os objetivos que elas realizam para cada sujeito e nas relações que estabelecem uns com os outros). Kaës nomeia esses tipos como: alianças estruturantes primárias e secundárias, sendo esses dois tipos formados por aquelas em que as funções são necessárias para estruturar a psique; alianças defensivas, que apresentam efeitos alienantes e patógenos, nas quais se destacam os pactos denegativos, conceitos que têm fundamental importância e se referem à garantia das necessidades defensivas dos sujeitos quando eles estabelecem uma relação ou ainda para manter essa relação; e por último, alianças defensivas, estabelecidas para impor um projeto, criativo ou destrutivo (Kaës, 2009/2014).

Pensando o conceito de alianças inconscientes, temos a seguir um recorte clínico do casal A e B.

A., 39 anos, é casada com B., 41 anos, juntos são pais de M., 5 anos. O relacionamento do casal perdura há aproximadamente 7 anos e desde o início é marcado por idas e vindas, sendo um cotidiano do casal a postura agressiva de B. com A., com o primeiro frequentemente ofendendo a segunda verbalmente com um teor destrutivo com relação à sua pessoa, à sua maternidade e, mais, à sua suposta ação impeditiva de que ele viva sua paternidade com M.

Vale esclarecer que B. não teve em sua história de vida a convivência com o pai, sendo clara sua culpabilização e seu ódio pela figura materna, com quem também se mostra agressivo e explosivo em situações diversas em que tais manifestações parecem não se justificar em sua proporcionalidade. Os comportamentos de B. com A. são regados de recusas em falar com ela quando se sente contrariado, tendo uma reatividade quase sempre muito desproporcional à situação enfrentada no momento. A., por sua vez, é filha de um casal que tem um relacionamento estável, são amorosos e presentes com os filhos, ela e mais um irmão. Entretanto, a figura paterna se caracteriza por não dizer não em nenhuma situação. A. não tem memórias do pai sendo assertivo com ela no que diz respeito a experiências de interdição, mesmo quando necessário, especialmente na infância e na adolescência. Já a figura materna é, para ela, passiva e nunca contradiz o parceiro.

As alianças inconscientes podem ser pensadas nesse caso no material de inconsciente de A. e B., em que a primeira parece necessitar da experiência de um pai interditor e atuante, ainda que seu inconsciente lhe pregue uma peça não distinguindo adequadamente a interdição saudável da interdição perversa, autoritária e agressiva; e o segundo necessita claramente de uma figura materna sobre a qual possa descarregar todo o seu ódio e a tentativa de refazer suas ações possibilitando o encontro e a convivência de um pai com seu filho.

Pode-se refletir, com esse breve escrito que traz a apresentação do conceito das alianças inconscientes, que essa criação de René Kaës trouxe à psicanálise grande contribuição para o aprofundamento da compreensão da intersubjetividade nas relações, favorecendo as intervenções na relação terapêutica, bem como na condução de ações interventivas institucionais, a partir dessa perspectiva.

Referências e indicações de leitura

Freud, S. (1915/1996). O recalcamento. In S. Freud, *Edição Standard Brasileira das Obras Psicológicas Completas de Sigmund Freud* (Vol. XIV). Imago.

Kaës, R. (2007/2011). *Um singular plural: a psicanálise à prova do grupo*. Edições Loyola.

Kaës, R. (2009/2014). *As alianças inconscientes*. Ideias & Letras.

Kaës, R., Bleger, J., Enriquez, E., Fornari, F., Fustier, P., Roussillon, R., & Vidal, J.-P. (1987). *A instituição e as instituições: estudos psicanalíticos*. Casa do Psicólogo.

GIANNA POLACCO WILLIAMS

21. Reversão da relação de continência: paisagens internas e função ômega

Mariângela Mendes de Almeida

Jô, 18 meses, com recusa alimentar e seletividade, na sala de atendimento, pega sua mamadeira na sacola da mãe e começa a mamar de pé. De repente a mamadeira desliza de sua mão e ele rapidamente, antes de vivenciar a dor da perda iminente, imprime força e velocidade ao movimento da queda, dispensando ativamente a mamadeira, sendo ele o agente da ruptura e evitando contato com um possível processamento da separação. Para esse processamento, ele e sua família chegaram a nós, e puderam contar com o olhar de Gianna também!

A italiana Gianna Polacco Williams, psicanalista da Sociedade Psicanalítica Britânica, se destaca pelo interesse na qualidade dos processos introjetivos que caracterizam os vínculos desde sua constituição, do bebê ao adulto. É relevante sua contribuição institucional junto a crianças, adolescentes e famílias (Clínica Tavistock), principalmente na área das questões alimentares e transculturais, ou na difusão da observação psicanalítica de pais e bebês pelo mundo. As articulações aqui desenvolvidas são parte de uma sequência integrada em que o conceito central, segundo a própria Gianna, é a reversão da relação continente-contido (relação de continência), configuração ao redor da qual orbitam detalhes conceituais quanto a modalidades de continência e anticontinência, sistemas de proteção e funções conjecturadas, como habitando paisagens internas.

Gianna parte da noção de continência de Bion (1962), função vital do objeto primário ao receber do sujeito projeções de elementos ainda não integrados ou nomeados. Tais projeções não são só evacuações, mas também, principalmente, comunicações primordiais em busca de receptividade e sentido. Esses estados, acolhidos e metabolizados psiquicamente pelo objeto continente tornam-se pensáveis. Gianna enfatiza a noção de Bion de *função alfa*, ou *rêverie*, que ocorre quando o continente, em contato com sentidos emocionais tolera o impacto de projeções.

O continente pode, entretanto, se mostrar impermeável, por vulnerabilidade extrema, fragilidade do entorno, reincidências traumáticas, ou falta de condições para receptividade emocional, não conseguindo processar tais projeções e as devolvendo à criança, muitas vezes com mais ansiedade. Essas podem então ser sentidas como *terror sem nome* (Bion, 1962), mantendo qualidade tóxica, sem que se constitua um espaço para a experiência emocional. O suposto recebedor de cuidados seria então, como resultado de processos inconscientes, o receptáculo dos conteúdos não metabolizados do próprio cuidador, de seus fantasmas inter- e transgeracionais não processados (Fraiberg et al., 1975/1980), em identificações mórbidas, como herança psíquica (Silva, 2023).

> *Gê, 5 meses, bebê prematuro, em recusa alimentar intensa, perde peso ao cuspir alimentos. Seus pais, ameaçados pelo risco de morte, revivem perdas anteriores de*

3 bebês prematuros nos primeiros dias. O receio de repetição deste destino distancia mãe e Gê nos inícios.

A introjeção da capacidade de continência dos cuidadores auxilia no internalizar da função alfa que liga, conecta, articula pensamentos, sentimentos e fornece sentido à experiência. Gianna se pergunta se não seria interessante formular a hipótese de uma função desempenhada por um objeto internalizado que, ao invés de conter, projeta em retorno. Que reversão ocorre para que quem necessita de continência receba o transbordamento da ansiedade, das projeções de fantasias e experiências não metabolizadas do suposto continente? Aquele que seria contido é destinado a ser "receptáculo" de conteúdos não processados. Tal função de reversão é batizada por Gianna de *função ômega*, no extremo do alfabeto em relação à *função alfa*, e se relaciona à introjeção deste objeto ao mesmo tempo impenetrável e transbordante de projeções.

A introjeção da *função alfa* é relevante para estabelecer ligações na estruturação do psiquismo em desenvolvimento, enquanto a introjeção da *função ômega* tem impacto desorganizador, fragmentador e disruptivo. Orientados pela contratransferência, encontramos na paisagem interna de quem se vê convocado a receptáculo de projeções, uma necessidade de diferenciá-las do que pode genuinamente nutrir. Ao conceber a noção de *foreign bodies* (corpos estranhos), Gianna recorre: à ideia original de Freud no contato com a histeria em 1895; à de trauma psíquico ou memória do trauma que muito tempo depois de seu emergir, ainda continua em atividade; e às noções de ausência do objeto e de persecutoriedade presente (Bion, 1962). Também localiza na observação psicanalítica e na vivência clínica um sistema que denomina *no-entry defences* (defesas de não entrada).

Desde o início da vida, como nossos Jô e Gê, ou ao longo da adolescência, de maneira concreta, somática e/ou como funcionamentos psíquicos subjacentes, em desespero por proteção, bocas se fecham em "não entrada" de alimentação até o limite da anorexia ou inapetência emocional, corpos se enrijecem ou se nutrem de excitabilidade motora ou hiperdispersão, hipermuscularidade ou hiperextensão, evitando contato, reduzindo a exploração da oralidade, o brincar, a dependência e o aconchego. Crostas se formam em couraça em peles sensíveis. A autossuficiência (Jô) ou a intensa demanda ansiosa e dispersa (Gê) triunfam como modalidades, desde a não relação até a relação possível. Manifestam-se, assim, exemplos vivos dessa defesa diante da reversão da relação de continência. Devastações, crateras, corpos estranhos em coabitação com objetos vitalizantes e solos nutrientes são convocados ao reconhecimento pelo olhar psicanalítico de Gianna, tanto em contextos terapêuticos quanto comunitários.

> *Gê desvia o olhar de quem se põe muito próximo, mas a interação prazerosa e sintônica é possível quando seu olhar transita livre no espaço até encontrar o outro. Assim ele se conecta em nossos atendimentos, alternativa à cozinha-campo-de batalha nas crises de evitação, com alimentos cuspidos e projetados em todo o chão e parede (corpos estranhos na paisagem interna?) que demostram sua possível vulnerabilidade, mas também resiliência e iniciativa de regulação diante do sentido como invasivo, clamando por continência e metabolização.*

Gê e Jô puderam contar com o olhar de Gianna em parceria para processar as interferências em seus percursos introjetivos. Ter vivenciado essa experiência de continência com Gianna, junto ao imenso sofrimento dessas famílias, e a ampliação que ela propiciou à minha prática com os pacientes me entusiasma a colaborar para tornar sua voz e suas ideias mais próximas para os leitores brasileiros nesta coletânea.

Referências e indicações de leitura

Bion, W. R. (1962). *Learning from experience.* Heinemann.

Fraiberg, S., Adelson, E., & Shapiro, V. (1975/1980). Ghosts in the nursery: a psychoanalytic approach to the problems of impaired infant-mother relationships. In S. Fraiberg, *Clinical studies in infant mental health: the first year of life.* Tavistock.

Freud, S. (1895/1996). *Estudos sobre a histeria.* In S. Freud, *Obras Completas de Sigmund Freud* (Vol. 2). Companhia das Letras.

Silva, M. C. P. (2023). *A herança psíquica na clínica psicanalítica.* (2a ed.). Blucher.

Williams, G. (1997). Reversal of the container/contained relationship. In G. Williams, *Internal landscapes and foreign bodies: eating disorders and other pathologies.* Duckworth.

Williams, G. (1999). On different introjective processes and the hypothesis of an "omega function". *Psychoanalytic Inquiry, 19*(2), 243-253.

Williams, G., Williams, P., Desmarais, J., & Ravenscroft, K. (2004). *Exploring feeding difficulties in children: the generosity of acceptance* (Vol. 1). Karnac.

CHRISTOPHER BOLLAS

22. A identificação perceptiva no encontro analítico

Marcia Regina Bozon de Campos

O conceito de identificação perceptiva de Christopher Bollas deve ser compreendido no contexto de um pensamento psicanalítico próprio que concebe a vida como um conjunto de experiências que envolvem uma abertura à recepção do jogo de formas de ver e de se relacionar com o mundo, abarcando a articulação entre o simbólico e o não simbolizável. Nesse contexto, o campo representacional não se sobrepõe à qualidade da experiência relacional pautada na presença dos corpos e na comunicação profunda entre dois sujeitos com idiomas pessoais próprios que se permitem afetar mutuamente.

Na concepção de Bollas (1992), o mundo objetal é fundamental para a constituição do psiquismo, pois será a partir das relações objetais e do uso de determinados objetos que cada indivíduo elaborará seu idioma pessoal ou sua singularidade, que constituirá o seu *self* ao longo de seu desenvolvimento. No decorrer desse processo, há um momento em que a criança se torna capaz de reconhecer o objeto como distinto do *self*, portador de uma existência e de uma identidade próprias. A criança também é capaz de reconhecer que é afetada pelo objeto e passa a percebê-lo em sua especificidade, e não apenas por meio das projeções do seu próprio *self* sobre ele. Bollas (2013) se refere a esse fenômeno como identificação perceptiva.

A identificação perceptiva se baseia na capacidade do eu de perceber o objeto como uma coisa em si, podendo desfrutar de suas qualidades como algo distinto do *self*, permitindo que o objeto seja amado por meio de uma forma madura de amor, que está além da lógica narcísica da projeção e da introjeção. Parte da suposição de que é vital para o eu se reconhecer como distinto e separado do objeto, embora compartilhe com ele elementos e estruturas psíquicas no âmbito das relações humanas.

Bollas (1992) se refere às experiências iniciais satisfatórias como um "encontro estético",[1] por meio do qual o bebê vivencia um processo que possibilita e transforma sua experiência de *self*, a partir de uma "identificação que surge na relação simbiótica na qual o primeiro objeto é conhecido, não como uma representação de objeto, mas como uma experiência recorrente do ser, mais existencial e oposta a um saber representacional" (p. 50). Nessa perspectiva, durante a vida adulta, o indivíduo buscará outros encontros estéticos com objetos que evoquem a memória dessa relação objetal precoce e que prometam transformações em seu *self*. A relação transferencial na análise, principalmente nos casos de pacientes regredidos, permite esse tipo de encontro.

> *Na transferência – tanto no espaço e no processo analítico como na pessoa do analista – o paciente está se relacionando com o objeto transformacional, isto é, vivenciando o analista como a mãe-ambiente, uma*

---

[1] A palavra estética deriva do grego *aisthanesthai*, que significa perceber, referindo-se à capacidade de criação de uma imagem a partir das sensações, uma imagem sensorial.

> *memória pré-verbal que não pode ser conhecida pela fala que evoca a experiência, mas apenas pela fala que demanda que suas condições sejam reconhecidas: não intrusividade, holding, provisão, insistência em um conhecimento telepático ou simbiótico e facilitação do processo pensamento para pensamento e do afeto para pensamento (Bollas, 1992, p. 60).*

Essa concepção da relação analítica envolve a técnica e a postura do analista. Bollas (2013) destaca que, para haver espaço para a identificação perceptiva na análise, é fundamental que o analista realmente se disponha a escutar as associações livres do paciente, dando o tempo necessário para que o analisando estabeleça sua integridade durante a sessão, para que possam ser revelados os padrões de seu pensamento e para que os afetos possam se converter em experiências emocionais. Para que isso aconteça, o analista não deve nunca intervir antes que o analisando seja capaz de construir sua identidade narrativa e afetiva durante a sessão a partir de suas associações livres.

Uma breve vinheta clínica com o objetivo de auxiliar na compreensão desse conceito: Ana, 23 anos, procura a análise por se sentir deprimida, *sem rumo*, impossibilitada se concluir a faculdade ou de buscar trabalho, pois dores fortes no corpo a impedem de dirigir, de caminhar e de frequentar as aulas. Enredada numa relação amorosa marcada por uma dependência que remetia à adição, sofrendo pela infidelidade do companheiro, por seus desaparecimentos repentinos seguidos por retornos ruidosos, manifesta o desejo de terminar essa relação e retomar a sua *própria vida*. Numa sessão a paciente, chorando angustiada, se pergunta por que não consegue *se livrar* desse homem se tem consciência do quanto ele a faz sofrer. Nesse momento seu corpo, encolhido, muito contraído, me remete a uma sensação de aprisionamento, de falta de espaço, o que me leva a reformular sua pergunta dizendo: "Sim, o que te prende a ele?". Faz-se um breve silêncio, seu corpo vai relaxando e, enquanto puxa a manta que deixo no pé do divã nos dias frios, se aninha virando para a janela e diz: "Acho que é a temperatura, quando ele me abraça sinto que é o único lugar onde eu poderia estar". Ficamos em silêncio até o término da sessão, enquanto ela experimentava a possibilidade de descanso sentindo minha presença silenciosa ao seu lado, pois mesmo sem palavras o contato entre nós permanecia sustentado pelo ritmo comum de nossas respirações.

Este é um exemplo do estabelecimento de uma comunicação profunda entre analista e paciente, na qual estão presentes elementos simbólicos e pré-simbólicos que envolvem a percepção do corpo e todo o campo do não verbal, representando, como designou Bollas (2013), um encontro estético, que tem a identificação perceptiva como um de seus elementos.

Referências e indicações de leitura

Bollas, C. (1992). *A sombra do objeto: psicanálise do conhecido não pensado*. Imago.

Bollas, C. (1998). *Sendo uma personagem*. Revinter.

Bollas, C. (2012). *A questão infinita*. Artmed.

Bollas, C. (2013). *O momento freudiano*. Roca.

RENÉ ROUSSILLON

23. A especificidade da transferência sobre o enquadre

Camila Junqueira

Roussillon (1995) se interessa por pensar a existência de uma especificidade da transferência sobre o enquadre psicanalítico desde 1977, a partir de algumas considerações a respeito do texto "Psicanálise do enquadre analítico", de Bleger (1967/2002). No entanto, afirma que a ideia de uma transferência sobre o enquadre já pode ser encontrada em Freud (1914/1996), quando este relata que um certo paciente escondia seu tratamento, assim como escondia suas primeiras atividades sexuais; essa repetição permitiu que a vergonha se atualizasse na relação analítica, podendo ser elaborada.

No texto de Bleger (1967/2002) que inspira Roussillon, o autor propõe que o enquadre em psicanálise se forma por meio de um conjunto de invariáveis (frequência e duração das sessões, uso do divã etc.) que permitem e estimulam o processo analítico. O enquadre seria um não processo que permite a instalação do processo analítico. Bleger sustenta a ideia de que o enquadre deve ser analisado, ainda que não apresente tensões, mesmo quando "ele não chora", nas palavras no autor, pois nele se depositam os aspectos simbióticos e indiferenciados da personalidade do paciente que, a partir dele, podem ser analisados. Para Bleger, "Em síntese, podemos dizer que o enquadre do paciente é sua fusão mais primitiva com o corpo da mãe e que o enquadre do psicanalista deve servir para restabelecer a simbiose original, mas justamente com o objetivo de modificá-la" (p. 111).

Com Roussillon (1995, 2019), e outros autores que o precedem, como Joyce McDougall e André Green, aprendemos que aquilo que não foi simbolizado retornará no corpo e nos atos. Desse modo, a forma como o paciente se comporta em análise poderá ser compreendida como um modo de comunicação. Roussillon sugere então que se depositam no enquadre, além da simbiose e da indiferenciação, como já apontado por Bleger, os traumatismos primitivos expressos na forma como o paciente se comporta e tensiona o enquadre.

Schor e Coelho Junior (2020) contribuem com um exemplo bastante ilustrativo de transferência sobre o enquadre quando relatam que o analista é colocado para fora da sala de análise por uma menina de 5 anos que brinca na sala com sua mãe. A necessidade de a menina elaborar a separação dos pais a faz reencenar no enquadre sua experiência de se ver sozinha com a mãe, pois, compartilhada com o analista por meio de uma alteração no enquadre, a experiência poderá ser apreendida subjetivamente.

No entanto, para Roussillon (2019), a especificidade da transferência ao enquadre está ligada à ideia de que o enquadre "simboliza a simbolização", bem como pode apresentar a "dessimbolização"; em suas palavras: "sobre o dispositivo tende a se transferir especificamente a história da relação do sujeito com sua função simbolizante, a história de seus sucessos, mas também de suas vicissitudes na tarefa de subjetivação das condições de simbolização" (p. 95).

Expressão dos traumatismos primários, as atuações podem ser percebidas pelo analista como tentativas de ataque ao enquadre clássico. Embora Roussillon (2014) entenda a importância da interpretação da destrutividade, esta só deve ser realizada dentro de um enquadre adequado para cada caso específico, sendo que por enquadre adequado ele entende um enquadre que favoreça a simbolização e não repita, em demasia, os traumatismos. Se, por um lado, "é inevitável que o dispositivo 'repita' de uma certa maneira o traumatismo, que ele chame a transferência do traumatismo, que ele permita 'encontrá-lo' para analisá-lo", por outro, nos esclarece Roussillon, "ele não deve repetir a zona traumática da vida psíquica" (pp. 18-19). Desse modo, o dispositivo deve ser alterado sob medida para tornar toleráveis os aspectos inutilmente traumáticos do próprio dispositivo. Acrescenta ainda, fazendo referência a Winnicott, que a frustração do desejo é indispensável para a simbolização, no entanto, um sujeito não deve ser frustrado em relação às necessidades do eu.

A partir de sua experiência clínica, Roussillon (2014) afirma que:

> *Interpretar a transferência do enquadre e do dispositivo lá onde aparece como pura repetição de uma zona traumática não permite, na maior parte do tempo, uma apropriação subjetiva de dispositivos transferidos; a interpretação é então recebida como uma violência que se acrescenta àquela da situação (p. 13).*

Portanto, é necessário manejar o enquadre de forma que este torne toleráveis os aspectos inutilmente traumáticos do dispositivo, e que o dispositivo favoreça a simbolização, para que então o processo de apropriação subjetiva entre em curso. Por isso, reafirma Roussillon (2019):

> *São assim reunidas as condições de uma dupla imposição: repetir suficientemente para que o processo "pegue", e que ele possa abrir a via para a retomada*

> *fecunda e integradora, mas não repetir demais "exatamente" aquilo que entravaria consideravelmente a possibilidade de integração (p. 145).*

Um exemplo disso que Roussillon sugere pode ser encontrado na análise de Marta. A paciente enviava trechos de música para a analista entre as sessões, parecia precisar apagar a distância entre elas. Quando a depressão da mãe se agravou, e se intensificaram os sintomas bulímicos e comportamentos de risco de Marta, ela substituiu sua presença nas sessões por mensagens de texto. Ela não se distanciou da analista como pareceu a princípio. Pelo contrário, colocou-a à sua disposição 24 horas por dia, como uma mãe que vigia uma babá eletrônica e reage a seus mínimos movimentos. Alterar o enquadre e ceder à necessidade de Marta de assumir o controle da distância de sua analista durante um período do processo analítico tornou "mais toleráveis os aspectos inutilmente traumáticos do dispositivo", reconstruindo um enquadre que foi achado/criado pela paciente, mantendo a ilusão primária (Winnicott, 1975) até o momento em que lhe foi possível começar a elaborar a separação do objeto primário e a constituir um objeto interno bom. A transferência para o enquadre da impossibilidade de a paciente suportar a separação permitiu que esse aspecto começasse a ser elaborado (Junqueira, 2017).

Enquanto Bleger afirmava que é o enquadre (não processo) que institui o processo analítico, Roussillon (1995) proporá uma inversão, afirmando que será o processo analítico que instalará o enquadre (o não processo). Especialmente com os pacientes que apresentam questões narcísico-identitárias, será a relação analítica emoldurada por um dispositivo sob medida que permitirá a instauração e a restauração de processos simbólicos e, quiçá, do enquadre clássico, em algum momento do processo.

Referências e indicações de leitura

Bleger, J. (1967/2002). Psicanálise do enquadre analítico. *Revista FEPAL*, 103-113. http://fepal.org/images/2002REVISTA/bleger.pdf.

Freud, S. (1914/1996). Repetir, recordar e elaborar. In S. Freud, *Edição Standard Brasileira das Obras Psicológicas Completas de Sigmund Freud* (Vol. XIV). Imago.

Junqueira, C. (2017). Transbordamentos do setting, transferência sobre o enquadre. In M. E. U. Cintra, G. Tamburrino & M. F. R. Ribeiro (Orgs.), *Para além da contratransferência: o analista implicado*. Zagodoni.

Roussillon, R. (1995). Le transfert sur le cadre. In R. Roussillon, *Logiques e archéologiques du cadre psychanalytique*. PUF.

Roussillon, R. (2014). Prefácio: Para uma extensão da prática da psicanálise. In E. Rache, *Travessia do corporal para o simbólico corporal* (pp. 9-27). CLA.

Roussillon, R. (2019). *Manual da prática clínica em psicologia e psicopatologia*. Blucher.

Schor, D., & Coelho Junior, N. E. (2020). Quando brincar não é possível: um debate acerca da transferência sobre o enquadre a partir da análise de uma criança de 5 anos. *Jornal de psicanálise, 53*(99), 249-264.

Winnicott, D. W. (1975). *O brincar e a realidade*. Imago.

24. As patologias narcísico-identitárias

Camila Saboia

René Roussillon, ao revisitar a metapsicologia freudiana, propõe a construção de um novo paradigma, enfatizando a importância de nos debruçarmos sobre a compreensão de novas patologias contemporâneas, as quais não se enquadrariam no que se compreende como neurose nem como psicose, mas no que ele denomina patologias narcísico-identitárias. O autor ressalta que esses pacientes não trazem como problemática a equação dos impasses psíquicos vividos entre a lógica do *princípio da realidade* e a do *princípio do prazer*, mas, sobretudo, a própria construção do *sentimento de ser* e do processo de *diferenciação do eu/não eu*.

Roussillon ressalta que o trabalho psicanalítico com esses pacientes não se limitaria ao método clássico, marcado pela associação livre e pela interpretação, mas compreenderia um trabalho de tradução dos elementos psíquicos manifestados pela linguagem do corpo, do ato e do afeto. Nesse sentido, ele afirma a importância de ampliar o trabalho de escuta para além da linguagem verbal, ao considerar que a escuta *associativa* deve ser tomada como *polifônica*, e não apenas como *linguageira*.

O autor retoma Freud ao dizer que essas experiências precoces e arcaicas, que precederiam a linguagem verbal, quando não integradas ao psiquismo dada a "fraqueza de síntese", manifestam-se por via da linguagem corporal. Ele então afirma que, da mesma maneira que a criança pré-verbal utiliza o afeto, o soma, o corpo, a motricidade, o registro mimo-gesto-postural para comunicar e dar a conhecer seus estados do ser, os sujeitos que sofrem das patologias narcísico-identitárias recorreriam ao mesmo mecanismo. Para esses pacientes, o corpo comunica pondo em cena o que o sujeito não pode dizer, como se a própria estrutura do ato e da cena pudesse aqui ser uma tentativa de uma narrativa endereçada a um outro.

Essa tentativa de endereçar-se ao outro por meio da linguagem pré-verbal se manifesta justamente porque houve uma falha nesse processo do encontro e do ajuste necessário com o outro, como diz Roussillon, uma falha no interjogo entre o sujeito e o objeto. A ausência de um encontro satisfatório faz com que as experiências subjetivas arcaicas, interligadas aos estados das sensações do corpo, quando não traduzidas pelo objeto, voltem sob o mecanismo de compulsão à repetição da experiência do desamparo arcaico, manifestada por via da linguagem do afeto e do soma.

Roussillon também ressalta que, para compreender o funcionamento psíquico desses pacientes, é necessário recorrer a novos referenciais no que concerne à relação *pulsão-objeto*. Propõe, assim, a noção de *pulsão mensageira*, que se caracteriza por se endereçar a um objeto, na tentativa de ter suas mensagens decodificadas e traduzidas por este objeto-outro. Nesse sentido, diríamos que o objeto não teria apenas a função de diminuir a sobrecarga da tensão na busca da satisfação pulsional, mas, sobretudo, de simbolizar os conteúdos *protossimbólicos* carregados pelas pulsões mensageiras. No entanto, Roussillon alerta que esse objeto-outro só exercerá sua função de objeto primordial se for capaz de aceitar jogar, de maneira satisfatória, a função especular primária, que implica a necessidade de o objeto se ajustar à imagem de um "duplo" do bebê, duplo no sentido de um "semelhante", mas não de um idêntico.

Roussillon teoriza, então, sobre a existência da "homossexualidade primária", na qual a pulsão só atinge a experiência de satisfação se houver a experiência de um prazer compartilhado entre o sujeito e o outro, caso contrário, o que há é uma "descarga" da pulsão e não uma "satisfação". Nesse sentido, Roussillon é categórico ao afirmar que, nas patologias narcísico-identitárias, o que está em jogo é justamente a ausência da "função reflexiva" dos estados psíquicos do bebê, função esta que permitirá que o sujeito, futuramente, gerencie sua própria regulação narcísica.

Ele afirma que o processo subjetivo se dá pela presença do objeto e não *por sua ausência*, o que leva a supor que o estado de narcisismo primário do bebê englobaria, desde os primórdios da vida, o registro de um encontro com o objeto. Os pacientes com funcionamento narcísico sofreriam exatamente desse registro da falta do encontro com o objeto, razão pela qual esse estado melancólico, presente nas patologias narcísico-identitárias, corresponderia não ao registro da perda do objeto, mas ao de nunca ter acessado um objeto-outro capaz de refletir seus estados psíquicos. Diante de tal ausência, Roussillon entende que, nos casos dos pacientes com sofrimento narcísico-identitário, o que se constata não é a "clivagem do eu", mas a "clivagem no eu", uma vez que haveria falhas no processo entre percepção e representação das experiências arcaicas subjetivas, o que viria a comprometer a capacidade do sujeito de simbolizar suas experiências arcaicas.

Desse modo, diríamos que, quando há falhas no processo de passagem das sensações para a representação do objeto, o sujeito apresentará dificuldades em vivenciar a experiência de separação, uma vez que o processo de internalização do objeto mostrou-se falho ou insuficiente. Fato que explicaria a tendência do sujeito com sofrimento narcísico-identitário a buscar, incessantemente, o objeto perdido em sua totalidade, já que não se satisfaz apenas com a representatividade de certos traços do objeto, condição esta fundamental para o sujeito vivenciar a experiência de alteridade e separação. Essa falha no processo de internalização da "representação do objeto externo-outro" é que leva o paciente a tender a repetir essas experiências traumáticas, na busca de encontrar um outro suficientemente presente, capaz de lhe oferecer a continência necessária para ajudá-lo no processo dessa linguagem analógica: passagem do afeto e das sensações (simbolização primária) à representação-coisa e à linguagem verbal (simbolização secundária).

Em seu artigo "A intersubjetividade e a função mensageira da pulsão", ao mencionar seu trabalho clínico com a paciente Echo, Roussillon (2011) relembra a importância de o analista oferecer ao paciente um *setting* analítico vivo, marcado pela presença de um terapeuta ativo, capaz de exercer a função de um objeto especular, cujo manejo clínico deverá ser permeado mais pelas traduções dos estados psíquicos do paciente do que propriamente pelas interpretações, como sugerem os modelos de associatividade da clínica psicanalítica clássica. Ele observa, por exemplo, que o movimento de pouco investimento pulsional nas relações sociais e afetivas da vida de Echo, acompanhado por um quadro clínico de anorexia, repetia-se na sua relação com o analista, na qual parecia "anorexizar" seu elo com ele, por meio de seu silêncio e retraimento quando se via face a face com o terapeuta, apesar de se demonstrar extremamente ligada ao trabalho analítico e motivada por este. Ao longo do trabalho com Echo, foi possível compreender que a paciente repetia, na sua relação transferencial e por meio do seu corpo, o próprio modelo objetal, caracterizado pela presença de um objeto materno imprevisível e inacessível, incapaz de exercer sua função reflexiva, o que a levava a voltar-se para si mesma, aprisionando-se em seu sofrimento narcísico-identitário.

Referências e indicações de leitura

Roussillon, R. (1999). *Agonie, clivage et symbolization*. PUF.

Roussillon, R. (2008/2011). A intersubjetividade e a função mensageira da pulsão. *Revista Brasileira de Psicanálise*, *45*(3), 159-166.

Roussillon, R. (2012a). As condições da exploração psicanalítica das problemáticas narcísico-identitárias. *Alter – Revista de Estudos Psicanalíticos*, *30*(1), 7-32.

Roussillon, R. (2012b). O desamparo e as tentativas de solução para o traumatismo primário. *Revista de Psicanálise da SPPA*, *19*(2), 271-295.

MARIE-CHRISTINE LAZNIK

25. Intervenções precocíssimas e autismo

Rita de Cássia dos Santos Canabarro

Estudos recentes têm evidenciado a grande plasticidade neuronal presente sobretudo nos anos iniciais do bebê, e atestado a importância que as experiências primordiais têm para todo o desenvolvimento biopsicossocial do pequeno *infans*. Em suas teorizações sobre o autismo, Laznik (2011) explicita o quanto, desde muito cedo, nos encontramos diante de um sistema de defesa que procura a estabilidade, de modo que se busca afastar tudo o que se mostra capaz de perturbar essa estabilidade. Segundo a autora, "na criança autista, não há, em todo caso, de início, nenhum sujeito que responda ao chamamento de seu nome. Ela não articula nenhum chamado, menos ainda qualquer pedido" (p. 91).

Nesse sentido, Laznik (2000, 2013, 2021) enfatiza a importância da realização de *intervenções precocíssimas* com aquelas crianças que se encontram em um fechamento psíquico que as coloca em risco de desenvolver autismo, de modo que é preciso devolver a elas a vontade de ouvir a voz humana e de olhar para o seu entorno próximo. Para que maiores prejuízos neurológicos e psíquicos sejam evitados, os quais poderão traduzir-se em danos no desenvolvimento e na subjetivação, é fundamental que esse processo, denominado pela psicanalista de *reanimação psíquica* (Laznik, 2013), ocorra nos primeiros meses de vida da criança, especialmente nos dois primeiros anos.

Laznik (2000, 2013) postula a provável existência de uma *psicossomática do autismo*, o que significa dizer que o não uso do aparelho neuronal consegue lesá-lo. Nessa perspectiva, a autora, ao direcionar seu foco para as intervenções precocíssimas, defende que "haveria meios de recolocar em funcionamento estruturas em vias de constituição. O que quer dizer que, diante desta patologia, luta-se contra o relógio" (Laznik, 2000, p. 76).

A hipótese que tem sustentado todo o trabalho clínico-teórico de Laznik nos últimos anos parte da premissa de que "a patologia autística primária numa criança seria a consequência da não instauração do 'circuito pulsional completo', devido à ausência de seu terceiro tempo" (Laznik, 2000, p. 77). A psicanalista retoma as construções freudiana e lacaniana sobre as pulsões para defender que o terceiro tempo do circuito pulsional, aquele em que o futuro sujeito, o bebê, faz-se objeto de um outro sujeito, mostra-se falho no caso do autismo. Nesse sentido, Laznik (2000, 2013, 2021) situa o autismo como uma *patologia do laço com o Outro (e com o outro).*

A dificuldade de estabelecer laço com o outro é característica marcante de quadros autísticos e pode ser percebida desde muito cedo na vida de crianças que, mais tarde, recebem tal diagnóstico. Esse foi o caso de José, menino que chegou para o atendimento prestes a completar 2 anos. Nos dois meses que antecederam essa chegada, José havia ingressado na escola, onde pouco interagia com os colegas e com as educadoras e demonstrava interesses restritos, preferindo "brincar" com objetos que apresentavam letras e números, falava pouco e quase não respondia ao seu interlocutor quando indagado. Em virtude da preocupação das educadoras, a mãe decidiu levar o filho para uma avaliação com um médico neuropediatra.

Após essa avaliação, José foi encaminhado para acompanhamentos psicológico e fonoaudiológico, em função dos indicadores de risco psíquico para autismo.

O menino era o primeiro filho de um jovem casal. Sua gravidez foi de risco, a mãe desenvolveu hipertensão gestacional e já havia tido duas gestações prévias que resultaram em abortos espontâneos. No primeiro atendimento, a mãe relatou que, assim que as educadoras da escola de José manifestaram preocupação com o comportamento do menino, ela procurou por um neuropediatra, uma vez que alguns de seus familiares já haviam manifestado certo "estranhamento" com a forma como ele se portava.

José era um menino tranquilo, que ingressava na sala quando convidado, sempre junto de sua mãe. Nas primeiras sessões, sua atenção ficava muito centrada na forma e nas cores dos objetos, em números e nas letras do alfabeto, colocando-se, em muitos momentos, de costas para mim. Muitas de minhas intervenções eram completamente ignoradas por José. A mãe também demonstrava dificuldade em conseguir fisgar a atenção do filho. Como forma de se defender da frustração que isso provocava, a mãe salientava o quanto o filho "era inteligente" ao já conhecer, tão jovem, os números, as formas dos objetos e as cores.

O trabalho inicial com José constituiu-se na tentativa de que algo pudesse ser construído e produzido no nosso encontro, a partir dos elementos que ele elencava na cena clínica. Com as formas de triângulos, retângulos e círculos, começamos a construir casas, cidades e automóveis; com as cores das canetas e das tintas, rabiscos e desenhos passaram a ser produzidos. Como pontua Laznik (2011), ao se propor tratar uma criança em risco de autismo, o analista lança uma aposta de que, ao reconhecer em toda produção da criança, seja ela linguageira ou gestual, "um valor significante e ao se constituir ele próprio como lugar de endereço daquilo que ele portanto considera *mensagem*, a criança vai poder reconhecer-se *a posteriori* como fonte dessa mensagem" (pp. 20-21). Assim, o analista assume, em certas ocasiões, o lugar de Outro primordial e, também, "antecipa o sujeito a vir ao interpretar toda produção como um *ato* colocado pela criança para tentar advir a uma ordem simbólica que a ela preexiste" (p. 21).

Mesmo que José apenas nomeasse as formas e as cores dos objetos, sem propor, com isso, uma brincadeira partilhada comigo e com a mãe, o trabalho com ele constituiu-se, de início, em reconhecer na eleição desses objetos uma intencionalidade e em realizar uma aposta de que ele poderia, em algum momento, enganchar-se em algum elemento que estava sendo colocado em cena. Nesse contexto, Laznik (2021) propõe que o analista que trabalha com uma criança em risco de autismo precisa entrar no jogo da criança e *ir buscá-la*, tomando, para tanto, os ritmos que são próprios da criança.

Dessa forma, segundo Laznik (2011), no trabalho com a criança com indicadores de autismo o objetivo do analista é permitir que o sujeito advenha, e não interpretar as fantasias de um sujeito do inconsciente já constituído, como na cura analítica clássica. O analista "se faz aqui *intérprete*, no sentido de *tradutor* da língua estrangeira, a um só tempo em relação à criança e em relação aos pais" (p. 21).

No processo de ir em busca da criança, Laznik (2013) enfatiza o quanto o estabelecimento do aparelho psíquico é tributário do prazer que ele suscita no Outro, construindo formulação análoga à de Lacan de que o desejo do sujeito é o desejo do Outro. É em função disso que a psicanalista atende os bebês em risco de desenvolvimento de autismo acompanhados de suas mães, como forma de promover e sustentar o enlaçamento mãe-bebê em um jogo prazeroso. Laznik (2011) procura, assim, promover na mãe a sua capacidade de *ilusão antecipadora*, ou seja, sua aptidão para encontrar uma significação onde, talvez, de início, só haja massa sonora.

Referências e indicações de leitura

Laznik, M. C. (2000). Poderia a teoria lacaniana da pulsão fazer avançar a pesquisa sobre o autismo? *Psicanálise e Clínica de Bebês*, (4), 76-90.

Laznik, M. C. (2011). *Rumo à fala: três crianças autistas em psicanálise*. Companhia de Freud.

Laznik, M. C. (2013). *A hora e a vez do bebê*. Instituto Langage.

Laznik, M. C. (2021). *Clínica de bebês: litoral entre psicanálise e neurociências*. Instituto Langage.

THOMAS OGDEN

26. A simbolização de traumatismos primários por meio de *enactments*

Camila Junqueira

Um *enactment* pode ser compreendido como uma encenação na relação analítica de elementos cindidos ou recalcados. Pode se tornar um empecilho para a continuidade do processo analítico, caso não seja compreendido e integrado pela dupla analítica, mas também pode se tornar um instrumento privilegiado para a elaboração de traumatismos primários, quando o analista é capaz de contê-lo e metabolizá-lo.

Um certo paciente, por se sentir espoliado por seu analista, pode pensar que este lhe cobra honorários mais caros do que de outros pacientes, e isto pode integrar a transferência, expressando a sensação de ter sido um filho mais exigido e sobrecarregado que os demais. No entanto, outro paciente poderá convocar seu analista, por mecanismos como a identificação projetiva, a espoliá-lo. A comunicação inconsciente fará com que o analista se confunda e cobre valores superiores desse paciente. Paciente e analista viverão juntos, na relação analítica, a espoliação e os afetos suscitados por essa vivência, e terão uma oportunidade de integrar algo outrora vivido pelo paciente, mas não ainda experienciado e, portanto, fora do campo simbólico. Essa segunda cena, na qual o analista se equivoca, configura um *enactment*, que se mostra fundamental para a elaboração deste aspecto que está fora do campo simbólico em virtude de um traumatismo primário.[1]

Outro exemplo: Sandler (1976/1998) oferece lenços de papel a sua paciente que chora muito nas sessões. Quando essa análise conta com dois anos e meio, Sandler subitamente não lhe oferece mais os lenços. A paciente se sente desolada e abandonada, mas aceita o convite de seu analista para que reflitam melhor sobre o que se passou ali. Após algumas sessões a paciente associa que dois anos e meio era sua idade quando nasceu o irmão mais novo, tomando para si a atenção da mãe, que passou a negligenciar seus cuidados. Sandler e sua paciente vivem o abandono em ato por meio de um *enactment* na relação analítica.

O *enactment* surgiu como conceito na década de 1980, em proximidade com as noções de identificação projetiva (Ogden, 1982/1992) e de contratransferência (Jacobs, 1986). Ogden (1982/1992) considerará o *enactment* como parte do processo de identificação projetiva, que contém três momentos distintos: (1) o projetor necessita se livrar de uma parte ameaçadora do *self*; (2) o projetor pressiona o receptor a sentir e se comportar de acordo com a fantasia inconsciente; e (3) o receptor contém e metaboliza a ansiedade projetada, ou é atraído para atuar (*enact*) aspectos da patologia do paciente (p. 43).

Como a contratransferência, o *enactment* foi inicialmente visto a partir do risco de ruptura do processo analítico, mas com o passar do tempo passou a ser apreciado por seus aspectos comunicativos e

---

[1] O traumatismo primário é compreendido por Roussillon (2012) como aquilo que impede a simbolização primária, a transformação do vivido em representação de coisa; em geral ocorre pela ausência de um ambiente que realize essa tradução/transformação com prazer.

transformadores das experiências traumáticas primitivas, que, por estarem fora do campo simbólico, encontram no ato a via régia de expressão (Figueiredo, 2003; Jarast, 2010; Junqueira, 2018). No entanto, a ampliação de seu sentido nas últimas décadas causou controvérsia em torno de sua definição, o que foi estudado por Ivey (2010) e pelo Comitê para Integração Conceitual da Associação Psicanalítica Internacional (Bohleber et al., 2013), restando incrédulos na possibilidade de um consenso acerca da definição do conceito.

Um estudo detido sobre o conceito (Junqueira, 2015) revela que em grande medida as divergências em torno de sua definição podem ser atribuídas não apenas às diferenças teóricas entre os autores, mas sobretudo a se tratar de um fenômeno que apresenta variações quando ocorre em configurações mais neuróticas ou mais narcísicas. Nas configurações neuróticas o *enactment* apresenta uma religação de elementos recalcados e se assemelha em grande medida ao que foi descrito por Freud (1914/1989) como *agieren*, correndo de modo mais pontual. Já nas configurações narcísicas essas encenações ocorrem de forma mais extensa e intensa, com frequência desestabilizando o enquadre, mas instalando uma cena simbolizante que pode permitir a integração do traumatismo primário na rede simbólica, tornando o vivido uma experiência subjetiva, cerzindo "elos de ligação" (Bion, 1988).

Cassorla (2015), que possui ampla pesquisa sobre esse fenômeno, propõe uma diferenciação entre os *enactment*s crônicos e agudos. Os *enactment*s crônicos mantêm as situações traumáticas congeladas e evitam o contato com a realidade. São, portanto, um conluio obstrutivo entre a dupla analítica que prejudica a capacidade de pensar de ambos. O produto desses *enactments* é um *não sonho a dois* que recruta o analista a exercer um certo papel de mantenedor do *status quo*. Ao tamponar o trauma, ele age como um escudo protetor, como uma mãe deve fazer diante das angústias impensáveis de que sofre seu bebê, enquanto inconscientemente utiliza sua função alfa para metabolizá-las. Já o *enactment* agudo é definido por Cassorla como "a emergência do trauma através de sua encenação na dupla", que não acontece nem antes, nem depois, mas no momento exato em que a dupla analítica percebe que as funções mentais foram restauradas de modo suficiente, por meio da inoculação da função alfa do analista, e que é possível elaborar o trauma. O *enactment* agudo implica uma profunda comunicação inconsciente entre as mentes do analisando e do analista e a elaboração de traumatismos primários.

A cena simbolizante vivida por meio do *enactment* poderá enlaçar a pulsão pelo sentido afetivo experienciado e traduzido na relação intersubjetiva paciente-analista, de forma a integrar o traumatismo primário à rede simbólica do paciente.

Referências e indicações de leitura

Bion, W. R. (1988). *Estudos psicanalíticos revisados (Second Thoughts)*. Imago.

Bohleber, W., Fonagy, P., Jiménez, J. P., Scarfone, D., Varvin, S., & Zysman, S. (2013). Toward a better use of psychoanalytic concepts: a model illustrated using the concept of enactment. *International Journal of Psychoanalysis*, *94*(3), 501-530.

Cassorla, R. M. S. (2015). *O psicanalista, o teatro dos sonhos e a clínica do enactment*. Blucher.

Figueiredo, L. C. (2003). *Elementos para uma clínica contemporânea*. Escuta.

Freud, S. (1914/1989). Repetir, recordar e elaborar. In S. Freud, *Edição Standard Brasileira das Obras Psicológicas Completas de Sigmund Freud* (Vol. XII). Imago.

Ivey, G. (2010). Controvérsias a respeito de enactment: uma revisão crítica dos debates atuais. *Livro Anual de Psicanálise*, (XXIV), 29-46.

Jacobs, T. J. (1986). On countertransference enactments. *Journal of the American Psychoanalytical Association*, *34*(2), 289-307.

Jarast, G. (2010). Recuperación de traumas tempranos preverbales. *Revista de la Sociedad Colombiana de Psicoanalisis*, *35*(1), 11-21.

Junqueira, C. (2015). Considerações sobre o enactment a partir de uma experiência clínica. *Revista Brasileira de Psicanálise da SPPA*, *22*(2), 435-449.

Junqueira, C. (2018) Enactment, reverie e figurabilidade: articulações a partir de uma experiência clínica. *Revista Brasileira de Psicanálise*, *52*(1), 113-127.

Ogden, T. H. (1982/1992). *Projective identification and psychotherapeutic technique*. Karnac.

Roussillon, R. (2012). O desamparo e as tentativas de solução para o traumatismo primário. *Revista de Psicanálise da SPPA*, *19*(2), 271-295.

Sandler, J. (1976/1998). Countertransference and role-responsiveness. In S. J. Ellman & M. Moskowitz (Eds.), *Enactment: toward a new approach to therapeutic relationship*. Janson.

27. *Rêverie*

Marina Ferreira da Rosa Ribeiro
Gina Tamburrino

O termo *rêverie* é usado primeiramente por Bion no sentido do sonho acordado, do devaneio da mãe em relação ao seu bebê. Bion (1962/2014) escreve que a *rêverie* é um fator da função alfa da mãe; uma função transformadora de elementos brutos da experiência em elementos que passam a ter a potencialidade de serem representados.

Thomas Ogden, a partir de um estudo aprofundado da obra de Bion, apresenta em alguns textos um uso clínico para a *rêverie*, transformando-a em um conceito técnico com repercussões teóricas e clínicas para a psicanálise contemporânea.

A *rêverie*, como o próprio sentido da palavra de origem francesa revela, é o sonho acordado, a capacidade imaginativa da mente; implica a permeabilidade e a disponibilidade mental e emocional à comunicação do outro. Grande parte do movimento psíquico de uma sessão implica a capacidade de *rêverie* do analista e a possibilidade do seu uso nas interpretações e/ou construções do analista.

Segundo Ogden (2013), a experiência da *rêverie* pode ser desorganizadora para o analista, pois é vivida como algo extremamente pessoal e íntimo. A *rêverie* pode ser compreendida inicialmente como uma falha técnica, uma distração do analista, e não como algo que emerge do encontro entre as duas mentes presentes na sala e em constante interação. A *rêverie* que surge na sessão pode ser uma verdadeira bússola, se o analista puder fazer uso dela, pois indica nortes do campo emocional gerado pelo encontro de duas mentes, do analista e do analisando.

A *rêverie* é o modo como apreendemos o pensamento onírico da vigília na sessão. Bion (1962/2014) postula que o sonhar é uma função diuturna da mente. Para compreender melhor a *rêverie*, Ogden (2009) usa uma metáfora inspirada no texto de Bion (1970/2014): os pensamentos oníricos da vigília são como estrelas encobertas pela luz do sol, sempre presentes no céu, mas não conseguimos enxergá-los pelo excesso da luz do pensamento racional. Precisamos de um "facho de intensa escuridão" (Grotstein, 2010), a supressão da racionalidade para captar o pensamento onírico da vigília por meio da *rêverie*. Para captar o pensamento onírico da vigília, o analista precisa estar em estado de atenção livremente flutuante, ou, como Bion (1967/2014) propôs, em um estado treinado e disciplinado de sem memória, sem desejo e sem compreensão prévia.

Geralmente, a *rêverie* se apresenta como uma imagem, mas também pode se manifestar a partir de uma gama de fenômenos: sensações auditivas, olfativas, táteis, cinestésicas etc.

Nas palavras de Ogden (2013), a *rêverie* "Trata-se de uma experiência primorosamente privada que envolve os mais constrangedores aspectos cotidianos (e ainda assim tão importantes) de nossas vidas. Os pensamentos e sentimentos que a constituem são raramente discutidos com nossos colegas" (p. 146). E, mais à frente no mesmo texto: "Paradoxalmente, apesar de o analista sentir suas *reveries* como privadas e pessoais, é enganoso vê-las como 'suas' criações próprias, já que são, ao mesmo tempo, construções intersubjetivas inconscientes criadas em conjunto (embora assimetricamente), que chamei de 'o terceiro analítico intersubjetivo'" (p. 147). A *rêverie* é como se manifesta na situação analítica o terceiro analítico.

Ogden (2013) concebe "o processo analítico envolvendo a criação de novos eventos intersubjetivos inconscientes que nunca existiram na vida afetiva, seja do analista seja do analisando" (p. 174). O autor evidencia como suas "*reveries* e os sonhos da paciente são criados no 'mesmo espaço onírico analítico intersubjetivo'" (p. 175). A análise é um processo transformador tanto para o analista quanto para o paciente, ou seja, o analista está completamente implicado no processo, considerando a assimetria da dupla, no sentido da responsabilidade pela condução do processo e do intenso e contínuo trabalho de formação de um psicanalista.

O uso das *rêveries* na análise é um componente fundamental da técnica analítica para Ogden (2013). Elas nascem "da complexidade infinita do interjogo da vida inconsciente do analisando e do analista e das sempre mutantes construções inconscientes geradas pela 'sobreposição' dos dois" (p. 180).

Vinheta clínica: andando com os sapatos de um morto[1]

Ao encontrar Antônio pela primeira vez, sem nenhuma informação a seu respeito, fixo-me incomodamente em seus sapatos e penso: são sapatos de um morto, como alguém pode usar sapatos de um morto? Percebo-me quase em uma experiência alucinatória,

[1] Esse fragmento clínico foi apresentado em duas reuniões científicas online (2020, 2021) disponíveis no YouTube: https://www.youtube.com/watch?v=jWHT-Wg-Gu9E e https://www.youtube.com/watch?v=Z01HZE_p8jo.

os sapatos produzem o efeito de um campo magnético do qual não consigo desviar os olhos e o pensamento: vejo a morte e estou paralisada. Ele começa a falar e fico dividida, observando o que é dito e a intensa sensação de morte na qual estou imersa, sem compreender absolutamente nada do que está ocorrendo, sendo arrastada pela experiência perturbadora. Aguardo em um silêncio receptivo.

Ao final do nosso encontro, Antônio relata de forma distanciada e breve os fatos de sua vida que precisavam ser sonhados, fatos estes que estavam contidos e condensados na imagem dos sapatos de um morto, representação pictórica pela qual fui subitamente abduzida ao encontrá-lo. Sua única filha nascera com várias malformações, passou por intervenções cirúrgicas e viveu poucos anos. Antônio havia me procurado após a morte da menina ou da sua quase morte psíquica; ele andava com os sapatos de um morto, desvitalizado, um morto ainda vivo. Sua demanda manifesta de análise era expressa, porém, por outras questões: não conseguia encontrar um lugar de reconhecimento profissional e financeiro. A profissão – vida – se mostrou de uma brutalidade ímpar, e ali estava ele, um homem andando com a morte acorrentada aos seus pés. E, na mesma sala, a analista, tentando sonhar a brutalidade dos fatos de sua vida.

Na vinheta, a imagem perturbadora que emerge na mente da analista – os sapatos de um morto – surge a partir do estado de *rêverie*, um estado de receptividade amorosa, de hospitalidade, uma abertura para sermos habitados pelo outro. A *rêverie* também implica a capacidade imaginativa da mente da analista, a capacidade de sonhar a brutalidade da realidade: uma filha que nasceu com malformações e veio a falecer em poucos anos.

A receptividade do estado de *rêverie* parece ser, em um primeiro momento, um estado desorganizador para a analista. A analista é abduzida pela experiência, está totalmente à deriva, é arrastada pela imagem pictórica, como um tipo de campo magnético que exerce uma força de atração da qual não é possível escapar, apenas reconhecer, observar e acompanhar o que se desdobrará no *a posteriori* da sessão.

Referências e indicações de leitura

Bion, R. W. (1962/2014). Learning from experience. In W. R. Bion, *The complete works of W. R. Bion* (Vol. IV). Karnac.

Bion, R. W. (1967/2014). Notes on memory and desire. In W. R. Bion, *The complete works of W. R. Bion* (Vol. VI). Karnac.

Bion, R. W. (1970/2014). Attention and interpretation. In W. R. Bion, *The complete works of W. R. Bion* (Vol. VI). Karnac.

Grotstein, J. S. (2010). *Um facho de intensa escuridão: o legado de Wilfred Bion à psicanálise*. Artmed.

Ogden, T. H. (2009). *Rediscovering psychoanalysis: thinking and dreaming, learning and forgetting*. Routledge.

Ogden, T. H. (2013). *Reverie e interpretação*. Escuta.

PETER FONAGY

28. Função reflexiva e mentalização

Fernanda Barcellos Serralta

A mentalização é um constructo oriundo dos estudos de Peter Fonagy e colaboradores sobre as características psicológicas do transtorno de personalidade *borderline* e dos seus esforços para delinear uma abordagem de tratamento eficaz para esses pacientes. Sua base teórica integra elementos da psicanálise (teoria das relações objetais e tradição psicossomática francesa), da teoria do apego e das neurociências (Serralta & Weydman, 2021). O conceito se refere à atividade mental imaginativa da pessoa sobre si mesma e sobre os outros, que lhe permite perceber e interpretar o comportamento próprio ou alheio em termos de estados mentais intencionais, como desejos, sentimentos, pensamentos, crenças e motivações (Bateman & Fonagy, 2016).

Mentalizar é um ato interpessoal criativo corriqueiro no qual ligamos uma mente à outra, geralmente sem perceber que estamos fazendo isso. É também essencial aos relacionamentos humanos e à regulação emocional, permitindo-nos compreender situações interpessoais, antecipar reações e responder de modo fluido e flexível às interações com os demais (Fonagy & Bateman, 2019; Serralta & Weydman, 2021).

Função reflexiva é o termo utilizado para designar os processos psicológicos que subjazem esta capacidade e que podem ser identificados para avaliá-la (Fonagy et al., 2002). A mentalização genuína envolve o reconhecimento da opacidade dos estados mentais, ou seja, certo balanço entre a certeza e a incerteza sobre estes. O processo de mentalizar, assim, é descrito em termos de polos antagônicos que representam distintos processos psicológicos que podem estar mais ou menos balanceados: cognição *vs.* afeto, centrado em si *vs.* centrado no outro, automático (inconsciente) *vs.* controlado (consciente), centrado no interno *vs.* centrado no externo (Bateman & Fonagy, 2016; Fonagy & Bateman, 2019).

Na situação clínica, um exemplo de mentalização genuína seria quando Clara, uma paciente com forte inibição e ansiedade social, exibe curiosidade sobre seus sentimentos de inadequação diante do terapeuta (o que significa que não tem muita certeza sobre eles, mas também não os ignora) e explora esse tema sem se deixar dominar e paralisar pelo afeto nem ignorar o impacto da sua exploração na mente do terapeuta. Há contato com aspectos inconscientes, mas há também certo controle consciente operando.

A mentalização é uma capacidade evolutiva. Cuidadores empáticos fornecem a base segura para o bebê reconhecer a sua própria vida mental. Cuidadores primários que decodificam os desejos do bebê funcionam como um espelho no qual este construirá a imagem de si mesmo (*self*). Mais adiante, as interações mentalizadoras desses adultos proverão as palavras para nomear desejos e emoções. Assim, sintonizando com a criança e permitindo que esta conheça as suas mentes, os cuidadores favorecem que ela desenvolva a capacidade de reconhecer e explorar a sua própria vida subjetiva.

No início, há modos pré-mentalizados: na equivalência psíquica, não há diferenciação entre o interno e o externo; no modo de faz de conta, há um desligamento da realidade; no modo teleológico, desejos e sentimentos são expressos diretamente na ação. Na medida em os cuidadores identificam e respondem ajustadamente às reações emocionais do bebê, a criança vai adquirindo capacidade de reflexão e regulação emocionais. Com o desenvolvimento da função reflexiva, os estados mentais passam a ser representações e não ações (ainda que se relacionem com elas), não sendo excessivamente reais (como na equivalência psíquica) ou irreais (como no faz de conta) (Bateman & Fonagy, 2016; Serralta & Weydman, 2021).

Situações com alta valência afetiva dificultam a mentalização. Em pessoas com história de exposição a estresse ou traumas no início da vida, a ativação emocional aciona excessiva e repetidamente o sistema de apego, levando a uma perda significativa da capacidade de mentalizar, ou seja, à falta de balanço nos processos de mentalização já mencionados e ao consequente predomínio dos modos pré-mentalizados (e, portanto, não mentalizados) de funcionamento (Fonagy & Bateman, 2019).

Quando isso ocorre na sessão, é fundamental que o terapeuta forneça as condições para o restabelecimento da capacidade reflexiva, mediante a desativação do sistema de apego inseguro e o estímulo à mentalização. Isso pode ser realizado, por exemplo, com a adoção de atitude genuína, apoiadora e reconfortadora e com perguntas mentalizadoras que direcionem ao polo oposto àquele ao qual o paciente está fixado (Bateman & Fonagy, 2016), como pode ser ilustrado na situação a seguir.

Ana, 18 anos, tem problemas de relacionamento interpessoal e tendência a comportamentos agressivos dirigidos contra si e contra outros em situações em que é frustrada. Foi adotada aos 3 anos de idade e pouco sabe de sua história pregressa além do fato de que sua mãe era mãe solteira e usuária de crack. Frequentemente sente-se desamparada e negligenciada. Numa sessão, diante do que percebeu ser um "descaso" do terapeuta mostra-se sarcástica e rude com ele, fazendo uma piada de mau gosto sobre ele só desejar seu pagamento no final do mês. O terapeuta então lhe diz em um tom amigável: "Entendo que você esteja sentindo que eu não me interesso verdadeiramente por você. Mas isso não é verdadeiro. Eu gostaria de entender o que da minha postura te fez imaginar que não me importo com você" (apoio e convite à mentalização). A paciente responde irritada que ele está com uma "cara aérea". O terapeuta então lhe pergunta: "Quando você me percebe distraído, quais são os pensamentos que lhe vem à cabeça?" (foco no pensamento para balancear a dominância do polo afetivo; foco no *self* para balancear a dominância do polo centrado no outro). Ao reassegurar a paciente, adotar postura não reativa, não interpretativa e genuinamente curiosa e inquisidora, o terapeuta auxilia Ana a restabelecer a mentalização e, com isso, reinterpretar os sinais interpessoais da interação de modo mais realístico e menos persecutório.

Intervenções promotoras da mentalização são o cerne da terapia baseada na mentalização (TBM), idealizada para tratar pacientes *borderline* e reconhecidamente eficaz para tratar este e outros transtornos da personalidade. A TBM foi também adaptada para o tratamento de transtornos alimentares, psicoses e depressão e para a aplicação em diversos contextos, incluindo, além dos níveis individual e grupal, o familiar e o comunitário.

Independentemente do contexto, as intervenções mentalizadoras podem ser utilizadas sempre que a função reflexiva estiver prejudicada. Promover mentalização em relação aos demais, ao ambiente e à cultura é considerado "a chave para a saúde mental" (Fonagy & Bateman, 2019, p. 18), pois diminui as distorções no contato com a realidade e facilita interações genuínas e significativas.

Referências e indicações de leitura

Bateman, A., & Fonagy, P. (2016). *Mentalization-based treatment for personality disorders: a practical guide*. Oxford University Press.

Fonagy, P., & Bateman, A. (2019). Introduction. In A. Bateman, & P. Fonagy (Eds.), *Handbook of mentalizing in mental health practice* (2nd ed, pp. 3-20). American Psychiatric Publishing.

Fonagy, P., Gergely, G., Jurist, E., & Target, M. (2002). *Affect regulation, mentalization and the development of the self*. Other Press.

Serralta, F. B., & Weydman, G. (2021). Terapia baseada na mentalização para o transtorno de personalidade borderline. In V. G. Dornelles & D. S. Alano (Orgs.), *Transtorno da personalidade borderline: da etiologia ao tratamento* (pp. 709-745). Sinopsys.

ANTONINO FERRO

29. O conceito de *rêverie*

Gina Tamburrino
Marina Ferreira da Rosa Ribeiro

Citando Grotstein, Antonino Ferro reconhece a *rêverie* como um conceito que nasceu "na casa de Bion", mas que se tornou muito amplo e perdeu sua especificidade; por isso prefere fazer um uso restrito dele. Assim considerada, a *rêverie* é um estado mental em que analista e analisando se encontram dentro de um *setting* analítico e uma imagem surge na mente do analista, com *insistência* e certo *incômodo* (Ferro, 2017a). Os "verdadeiros fenômenos de *rêverie*" são aqueles estados mentais em que o analista está consciente da imagem que emerge em sua mente, em resposta às evacuações das sensorialidades do paciente. A "imagem" (a *rêverie*) que se apresenta é a forma pela qual "algo ainda não pensado/pensável entra na sala de análise" por meio da mente do analista (Ferro, 2017b, p. 206).

A *rêverie* se diferencia da metáfora pura por se apresentar como uma *imagem que nasce* no instante relacional do encontro entre analista e analisando. A imagem da *rêverie* surge diante de uma situação em que "não sabemos e não temos consciência de alguma coisa" que está se passando entre a dupla (Ferro, 2017d, p. 127), enquanto a metáfora é uma imagem que usamos para compartilhar algo de que já temos conhecimento (Ferro, 2017a, 2017d).

Um exemplo: a *imagem* de "um veleiro, daqueles colocados dentro da garrafa", irrompe na mente do analista enquanto escuta um paciente. Ele tenta se livrar dela na medida em que a sente como uma interferência à sua escuta. Mas, como não consegue afugentá-la, passa a considerar que deve ter algum significado nessa invasão insistente da imagem em sua mente. Compreende que se trata de uma situação de *impasse* que está sendo experimentada no interior da análise, pela dupla. Um veleiro dentro da garrafa *não faz viagens*, está parado! Essa *rêverie* revela que Ferro estava diante de algo que desconhecia até então; analista e analisando estavam parados, diante de um embaraço (Ferro, 2017a, pp. 77-78).

A *rêverie* emerge da capacidade da mente do analista de acolher as angústias da mente do projetor (paciente), "deixar ficar" (conter), metabolizar (transformar), devolver o produto da elaboração, bem como, e principalmente, transmitir este método de transformação, a função alfa[1] (Ferro, 2005a).

O trabalho analítico depende da maior ou menor capacidade do analista de utilizar suas *rêveries*, sendo que a passagem-chave de toda *rêverie* é a capacidade da mente do analista de estar permeável e disponível, mental e emocionalmente, às comunicações do analisando. De modo mais específico, a *rêverie* é o modo como a mente do analista é capaz de acolher, conter e metabolizar as angústias que chegam por meio das identificações projetivas comunicativas, e devolvê-las ao projetor (paciente) transformadas (Ferro, 1995a), de um modo que seja possível contê-las.

---

1 A função alfa (Bion, 1962/2009) transforma elementos concretos (elementos beta) em elementos de qualidade psíquica (elementos alfa). Ela trabalha sobre os aspectos sensoriais da experiência emocional.

Entretanto, há situações clínicas de insuficiência ou falência da capacidade de *rêverie* do analista e, consequentemente, "uma inversão do fluxo das identificações projetivas" (Ferro, 2005b, p. 60). Ferro considera que o analista não consegue fazer clivagens e deixar suas angústias e dores de fora a todo tempo. Portanto, quando "o analista cozinha com as próprias panelas sujas, frequentemente o paciente tem dor de barriga" (Ferro, 2003, pp. 46-47). Considerando esse aspecto, diferentes graus de *rêverie* negativa (–R) podem se apresentar quando o analista não está suficientemente receptivo: estas vão desde a "*rêverie* parcial ou totalmente obstruída" até situações limítrofes em que ocorre "a inversão do funcionamento" e a mente do analista, que deveria acolher, conter e transformar, acaba projetando na mente do analisando, que necessita de uma mente disponível para evacuar e nela encontrar continência e função alfa para conter e transformar as protoemoções (Ferro, 2017c).

Um exemplo apresentado por Ferro: Marcella sonha que "está diante de uma escola onde vê duas crianças mortas, em pedaços, mas não há sangue, elas parecem aos pedaços, quebradas... ou então são bonecos". Ela parece distante ao narrar o sonho, "como se viesse de zonas longínquas e não lhe pertencesse". Ferro então se dá conta de que a paciente havia colocado em narração a mais profunda angústia dele. Suas filhas gêmeas, recém-nascidas, estavam internadas "na seção de patologia neonatal", sendo cuidadas mecanicamente. Marcella revela, nessa situação, conhecer bem a inversão do funcionamento mental mãe-menina, pois sempre colocou sua mente à disposição da mãe deprimida. Apesar disso, Ferro não podia negar "o conteúdo" que compareceu na sala de análise, e que a cena revelava o momento atual da relação analista-paciente, em que ele se encontrava perturbado e menos presente mentalmente (Ferro, 1995b, p. 196).

A *rêverie* negativa, nesse caso, restituiu ao analista sua vivência angustiada e encoberta; o sonho da paciente colocou-o em contato com sua própria dor, evacuada sobre a analisanda. Ao invés de ser o analista a acolher e transformar as angústias da paciente (fazer *rêverie*), a analisanda acolheu e transformou as angústias do analista, que, então, pôde retomar seu lugar de acolhimento e escuta na sala de análise (Ferro, 2017c).

Quando há uma *contínua atividade de rêverie subliminar*, as sensorialidades e os estados protoemocionais se transformam continuamente, também de forma subliminar, em pictogramas. Nesses casos, a receptividade do analista é mais importante que a comunicação verbal, ou seja, se a mente do analista está funcionando de forma mais ou menos receptiva (côncava-receptiva ou convexa--repelente) (Ferro, 2017b).

Referências e indicações de leitura

Bion, W. R. (1962/2009). Aprendiendo de la experiencia. In W. R. Bion, *Série Psicologia Profunda*. Paidós.

Ferro, A. (1995a). O sonho. In A. Ferro, *A técnica na psicanálise infantil – A criança e o analista: da relação ao campo emocional*. Imago.

Ferro, A. (1995b). A mente do analista ao trabalho: problemas, riscos, necessidades. In A. Ferro, *A técnica na psicanálise infantil – A criança e o analista: da relação ao campo emocional*. Imago.

Ferro, A. (2003). Pensamento onírico e narração. In M. O. A. F. França & M. Petriciani (Orgs.), *O pensamento clínico de Antonino Ferro: conferências e seminários*. Casa do Psicólogo.

Ferro, A. (2005a). Cultura da rêverie e cultura da evacuação. In A. Ferro, *Fatores de doença, fatores de cura: gênese do sofrimento e da cura psicanalítica*. Imago.

Ferro, A. (2005b). Continente inadequado e violência das emoções. In A. Ferro, *Fatores de doença, fatores de cura: gênese do sofrimento e da cura psicanalítica*. Imago.

Ferro, A. (2017a). Viaggiare leggeri. In A. Ferro, *Pensieri di uno psicoanalista irreverente: guida per analisti e pazienti curiosi*. Raffaello Cortina.

Ferro, A. (2017b). Quem o viu? In A. Ferro, *Tormentos de almas: paixões, sintomas, sonhos*. Blucher.

Ferro, A. (2017c). Casting e sofrimento mental. In A. Ferro, *Tormentos de almas: paixões, sintomas, sonhos*. Blucher.

Ferro, A. (2017d). Sognare. In A. Ferro, *Pensieri di uno psicoanalista irreverente: guida per analisti e pazienti curiosi*. Raffaello Cortina.

JACQUES-ALAIN MILLER

30. Psicose ordinária

Angélica Bastos

A psicose ordinária constitui um programa de investigação clínica, não correspondendo a um diagnóstico ou tipo clínico entre as psicoses repertoriadas pela psicopatologia psiquiátrica ou pela psicanálise.

As psicoses ordinárias são psicoses desprovidas das manifestações exuberantes, extraordinárias, com as quais a esquizofrenia, a paranoia e a melancolia familiarizaram os psicanalistas. O ordinário reside em um funcionamento distante do desencadeamento, isto é, do surto psicótico, com seus ruidosos fenômenos de corpo e de linguagem.

Os tipos clínicos clássicos tendem a se articular na transferência, na proporção em que o inconsciente se atualiza, e o lugar do analista na parceria com o sujeito se define. Pode ocorrer, no entanto, que a satisfação além do princípio do prazer chamada gozo não se localize no retorno do recalcado, sob a forma de sintoma neurótico endereçado ao analista. Onde então ela estaria localizada, se é que está concentrada em alguma parte?

Os fenômenos característicos do desencadeamento e as tentativas espontâneas de cura atestam o esforço em localizar o excesso pulsional. A regressão ao autoerotismo, de acordo com Freud, característica da esquizofrenia, é lida por Lacan como retorno do gozo no corpo. A regressão ao narcisismo, ainda segundo Freud, própria à paranoia, é entendida como retorno de gozo no Outro, vale dizer, no campo da alteridade, que ultrapassa os semelhantes nos quais se incarna. Acrescente-se ainda o retorno de gozo no eu para a melancolia, quando a sombra do objeto recai sobre este.

Há sujeitos que falam de suas vidas sem referência à neurose infantil ou ao complexo de Édipo, não se queixando de sintomas e angústia, mas de experiências enigmáticas, que distam dos fenômenos presentes no desencadeamento e na subsequente estabilização, delirante ou não. Não raro, escutamos sujeitos cujo gozo não manifesta o transbordamento típico do surto nem as regressões e os retornos mencionados. Os sintomas ditos contemporâneos envolvem regimes de satisfação pulsional além do princípio do prazer, não dependentes do retorno do recalcado, nem portadores de uma mensagem a ser decifrada, diferenciando-se das neuroses freudianas. Como, então, distinguir entre tais sintomas os arranjos que o sujeito põe em marcha para se estruturar, ou melhor, para articular a palavra ao imaginário do corpo e ao real da pulsão?

Nos anos de 1996, 1997 e 1998, realizaram-se três jornadas de trabalho em torno de casos clínicos. Os encontros foram denominados "O conciliábulo de Angers. Efeitos de surpresa nas psicoses", "A conversação de Arcachon. Casos raros: os inclassificáveis da clínica" e "A psicose ordinária. A convenção de Antibes". Essa sequência de eventos e publicações, inaugura o programa de investigação sobre a psicose ordinária.

A psicose ordinária permite ir além de uma clínica binária, ordenada pela presença ou ausência de um elemento de linguagem

(Miller et al., 2012) oriundo do complexo de Édipo, o complexo nuclear das neuroses. Esse elemento, o nome-do-pai, distinguiria neuróticos de psicóticos, para os quais a natureza do retorno pulsional indica a ausência deste recurso fundamental e ordenador da experiência subjetiva.

Tratamos psicoses que, após um surto estrondoso, atingem estabilização pela via do delírio ou outras construções, além de quadros não estabilizados, fortemente marcados pela descontinuidade imposta pelo desencadeamento. Sem o recurso à categoria de *borderline*, somam-se às psicoses desencadeadas e estabilizadas: quadros organizados por outras soluções, suplências ao nome-do-pai ou sintomas ordinários (Miller, 2010). Embora não apresentem desencadeamento, são suscetíveis a desconexões ou desligamentos discretos, em ruptura com a alteridade.

Como qualquer psicose, a psicose ordinária desafia o clínico a conduzir o tratamento de modo a não suscitar um desencadeamento e não abalar as soluções que o sujeito já forjou para se sustentar na existência sem que antes ele construa outras mais potentes. Trata-se, portanto, de levantar uma hipótese, guiar-se por uma conjectura, em vez de valer-se de uma classificação diagnóstica.

Lacan definiu a psicose como a desordem mais íntima no sentimento de si. Miller derivou dessa formulação as três externalidades próprias às psicoses ordinárias. Elas contrapõem-se ao caráter ao mesmo tempo externo e íntimo das relações que o falante mantém com seu corpo, com sua subjetividade e com o laço social.

Para qualquer sujeito falante, o corpo encerra alguma alteridade, pois a angústia, a dor e a doença orgânica desvelam os limites do domínio sobre ele. Nas psicoses ordinárias, a externalidade corporal faz com que o sujeito não se sinta atrelado a seu corpo, experimentando-se desacoplado em relação a ele. A subjetividade dos falantes é determinada pelo inconsciente, definido como discurso do Outro, que se mantém em exterioridade interna para o sujeito, de modo que o eu não é senhor em sua própria morada. Nas psicoses ordinárias, a externalidade subjetiva deixa o falante suscetível a se sentir desconectado de sua subjetividade, estranho ou alheio a sua própria vida. O inconsciente é inicialmente definido por Lacan como transindividual, posto que não há sujeito sem alteridade. Nas psicoses ordinárias, a externalidade social deixa o sujeito subtraído do laço social, refratário aos enlaces não apenas em suas condutas, mas em sua vida em geral, por não contar com a fantasia para enlaçar-se a outrem.

Um jovem é encaminhado à analista após a passagem de um ato. Foi enquadrado na Lei Maria da Penha por violência doméstica contra a mãe. Fala dos aborrecimentos com a polícia e a justiça. Não se mostra dividido em relação ao ato cometido, que não parece suscitar mal-estar. No seu entender, não havia razão para a queixa de agressão. Segundo ele, seu ato foi motivado pela recusa da mãe em lhe dar dinheiro para sair à noite. Embora o pai esteja presente no contexto familiar, não se refere a ele. Não parece funcionar em termos de um ideal de eu, com base no qual se projeta um eu ideal como filho. Reclama da psicóloga que insistia em lhe perguntar "coisas pessoais e de sentimentos, coisas de cinema", porque "aquilo aconteceu e pronto".

A analista diz não saber o que seriam as coisas de cinema; ele esclarece que são coisas que acontecem com os outros. Ela se interessa pelas saídas noturnas e ele relata precisar de dinheiro para frequentar saunas e casas de massagem. Declara-se viciado em sexo, indicando como está localizado o gozo. Não envereda por detalhes e descrições de cenas que possam causar embaraço ou divisão, afastando a hipótese de perversão. Entende que sua busca por sexo se destina aos cuidados com sua "potência masculina", seu modo de se situar como sujeito viril. Não parece possuir um impulso irrefreável ou priapismo. A vida sexual se exerce em regime de anonimato, sem que o laço da fantasia faça a mediação com o objeto. Não tem amigos além dos colegas no escritório em que trabalha. Uma ameaça a seu emprego o atemoriza; nunca é aprovado em dinâmicas de grupo ou entrevistas, pois "não sabe se colocar nas situações propostas".

As externalidades subjetiva e social se delineiam, enquanto a corporal é tratada pelo "vício". Longe de se afigurar como uma adicção contemporânea, ele sugere uma solução para conferir à pulsão um circuito e situar o sujeito sexualmente.

Referências e indicações de leitura

Aromi, A., & Esqué, X. (2018). *As psicoses ordinárias e as outras, sob transferência.* [Texto de orientação para o XI Congresso da AMP]. https://congresoamp2018.com/pt-pt/textos/las-psicosis-ordinarias-las-otras-transferencia/.

Maleval, J.-C. (2019). *Repères pour la psychose ordinaire.* Navarin.

Miller, J.-A. (2010). Efeito do retorno à psicose ordinária. *Opção Lacaniana Online*, (3).

Miller, J.-A. et al. (2012). *A psicose ordinária: a convenção de Antibes.* Scriptum.

STEFANO BOLOGNINI

31. A empatia psicanalítica

Ana Maria Stucchi Vannucchi

Bolognini ocupa-se do tema "empatia" há muitos anos e está sempre pensando e repensando a questão. Em seu livro *A empatia psicanalítica* (2002/2008), traz inicialmente uma história do conceito, que trouxe uma profunda mudança na relação médico-paciente, e em seu bojo a questão do *páthos*, isto é, da paixão e das emoções humanas. Destaca que o conceito nasceu na clínica, sendo depois elaborado teoricamente, integrando o entender e o sentir, e ajustando os delicados e sensíveis instrumentos de percepção da vida interna.

O autor esclarece o receio de Freud com relação ao tema, levantando a hipótese de que Freud estaria preocupado com o fato de as emoções do analista comprometerem a objetividade da jovem ciência psicanalítica que estava surgindo, privilegiando a representação em lugar da emoção. Afirma que a vida emocional do analista precisa ser conhecida e elaborada numa longa análise pessoal, para que possa ser utilizada como ferramenta de trabalho na relação analítica.

Bolognini (2002/2008, 2009) insiste que a empatia seja considerada um conceito psicanalítico, de caráter complexo, pré-consciente, envolvendo aspectos egossintônicos e egodistônicos do paciente, diferenciando-se, portanto, da identificação – que tem caráter inconsciente – e também de algo meloso e amoroso, configurando uma disponibilidade do analista para entrar em contato com aspectos desconhecidos e cindidos do paciente, mas mantendo a separabilidade e a complementariedade em relação a ele. Mostra que a empatia não é algo intencional, e a diferencia de empatismo, como algo forçado e não espontâneo.

Sugere o que chama de análise com o ego-*self* do analista, e com o ego-*self* do paciente, experiência que se constitui em momentos privilegiados do trabalho analítico, envolvendo aspectos visuais e oníricos, estando o analista em contato consigo mesmo e com a experiência emocional vivida com o paciente. De qualquer forma a identidade do analista está sempre em jogo, especialmente quando ele tem uma postura afetivamente participativa: o analista utiliza as ressonâncias de seu próprio *self* para entrar em contato com aspectos inaccessíveis do paciente, cindidos ou projetados, que necessitam de elaboração. O analista parte do reconhecimento dos seus afetos básicos e da criatividade de seus objetos internos, utilizando sua intuição para alcançar uma parte "muda" do paciente.

O autor também distingue empatia de contratransferência, argumentando que a empatia é o final de um processo e tem características conscientes e pré-conscientes, enquanto a contratransferência, de caráter inconsciente, é uma vivência que solicita elaboração.

Menciona ainda as dificuldades para o contato empático, tanto do paciente como do analista, destacando, do lado do analista, o medo do contato interno consigo próprio e com seus aspectos inconscientes, ou ainda a percepção de que ele já viveu ou pode viver o que o paciente está vivendo. Conclui que o analista precisa suportar longos períodos em que o paciente quer ou precisa ficar sozinho, sem querer a intromissão do analista.

Bolognini apresenta inúmeros casos clínicos muito ricos e interessantes, mas selecionei o caso de "Aldo, o administrador sem coração" (2002/2008) para exemplificar seu conceito de empatia psicanalítica. Bolognini refere-se ao desconforto vivido com Aldo: orgulhoso, durão, dando-lhe banhos de água fria, vivendo profundo sentimento de vazio e infelicidade, hostilidade, ressentimento, rivalidade, inveja, ciúmes, exibicionismo, e profunda intolerância à disponibilidade do analista, despertando-lhe intensos sentimentos positivos e negativos. Descreve uma mudança interna quando do relato de uma caçada, em que o paciente se compadeceu dos patos mortos pelo amigo, aterrorizando-se com sua violência. Trouxe também fantasias de caráter manipulatório e masturbatório com o analista, que causaram desconfiança, tratada com prudência e autoanálise pelo analista. Finalmente, Aldo traz profunda dor vivida em consequência da recusa da mãe em aceitar a cama que ele lhe havia comprado para aliviar sua dor nas costas; isso é seu movimento de reparação da figura materna, vivida anteriormente como sádica e desconfiada. O analista nos conta o sentimento de compaixão e respeito que viveu com relação a Aldo, agora sem o adjetivo "administrador", e a complexidade da empatia egossintônica e egodistônica desenvolvida ao longo desse trabalho analítico, a partir da elaboração da contratransferência.

O conceito de empatia psicanalítica proposto por Bolognini tem enorme utilidade na clínica psicanalítica, pois permite uma aproximação genuína ao *self* do paciente, por meio da integração das partes cindidas e da possibilidade de considerar o contato com a alteridade do analista e de si próprio, propiciado pela convivência da dupla analítica.

Referências e indicações de leitura

Bolognini, S. (2002/2008). *A empatia psicanalítica*. Companhia de Freud.

Bolognini, S. (2004a). O bar no deserto: simetria e assimetria no tratamento de adolescentes difíceis. *Revista Brasileira de Psicanálise*, *38*(2), 259-269.

Bolognini, S. (2004b). O analista trabalhando: duas sessões com Alba. *Livro Anual de Psicanálise*, (XVIII), 185-190.

Bolognini, S. (2009). *Passagens secretas: teoria e técnica da relação interpsíquica*. Casa do Psicólogo.

CÉSAR BOTELLA E
SARA BOTELLA

32. O alucinatório e seu potencial de tratamento do traumático

Adriana Barbosa Pereira

César e Sara Botella pensam a metapsicologia fora dos limites da noção de representação e concebem os processos alucinatórios como um paradigma para a teoria e a clínica psicanalíticas. Suas reflexões se dão a partir de uma sensibilidade clínica atenta a uma indicação freudiana de *Construções em análise*, na qual Freud diz que em um passado distante, em uma época em que a criança mal sabia falar, certos acontecimentos só conseguem atingir a consciência de um modo quase alucinatório. Os autores destacam os momentos teóricos nos quais Freud faz uma revisão dessa ideia com ênfase nas formas originárias de simbolização, com a participação da percepção e da sensorialidade.

Se alguns autores, como Lacan, associam a alucinação ao mecanismo de defesa da forclusão, no qual há uma intensa negação de uma percepção da realidade, sabemos que ela não pode ser reduzida a este mecanismo das psicoses e merece ser tratada com mais nuances. Os Botella, na esteira de Bion e Green, ampliam a noção de alucinação para além do psicopatológico ou de algo exclusivo da vida onírica, tema cujo interesse vem aumentando na contemporaneidade.[1]

O trabalho dos Botella vem ressaltar a alucinação estruturante ou criativa presente na constituição do psiquismo e nas sessões de análise, seja do lado do paciente ou do lado do analista, como uma regressão formal do pensamento, rumo à percepção, semelhante à do sonho, mas presente em estado de vigília. De tal regressão "poderá surgir uma figurabilidade portadora do mesmo indício de verdade de uma lembrança resgatada", pois os estados primitivos são imperecíveis; "Habitualmente, o alucinatório ocorre de dia, em certos processos psíquicos cotidianos... participa da vivacidade das lembranças, assim como contribui para despertar o sentimento de evidência, de convicção" (Botella & Botella, 2002, p. 102).

O fenômeno se articula às experiências traumáticas que não foram reconhecidas por um outro de confiança ou por um grupo social. A intensidade perceptiva do alucinatório pode dar testemunho de uma experiência negada. O que levaria a um aspecto psicopatológico seria um impedimento na regulação do processo alucinatório, pois este é uma via "natural" de expressão, mobilizada pela pressão do traumático não representável do sujeito inconsciente quando não se dá o desvio para o pensamento pelas forças pré-conscientes.

Articular a via que funciona de forma imediata e direta do alucinatório, capaz de figurar traços perceptivos desligados pelo excesso do traumático, à via da representação, da memória e da lembrança é o grande desafio de uma análise. Daí que "o investimento da repetição alucinatória de uma percepção já é uma primeira ligação antitraumática, uma explicação, um início de elaboração"

---

[1] Aqui algumas referências sobre a relevância da alucinação nos sonhos em situações de alto potencial traumático: Beradt (2007), Coelho Junior & Pereira (2021), Endo (2018) e Abuleac (2022).

(Botella & Botella, 2002, p. 94). A função antitraumática da abertura para o alucinatório vem colocar uma percepção onde estava um vazio na trama da representação.

Tomemos como exemplo um fragmento de um caso. O paciente chega à análise com um intenso medo de ser abandonado em uma relação amorosa que aparentemente parece recíproca. Vasculhar qualquer memória mais consciente sobre uma espera longa demais ou uma saída abruta em tempos de muita dependência do outro cuidador não nos levou muito longe. A interrogação sobre as angústias de abandono seguia e a experiência de abandono transbordava para a realidade da parceira. Os discursos contemporâneos sobre os encontros amorosos não eternos e as possibilidades de parcerias provisórias e os recursos para a elaboração das separações de um modo menos fatalista que ele trazia em trocas analíticas mais conscientes, não pareciam tocar na cena inconsciente que insistia em se apresentar. O temido não era propriamente uma separação, mas o fantasma de uma cena congelada, um tanto novelesca, de abandono.

Em uma sessão matutina, o paciente chega tendo acordado há pouco. Passa alguns minutos em silêncio. A analista pergunta: "O que você está pensando?". E ele responde: "Estou vendo uma praça florida, parece de uma cidade pequena, é um dia de sol, talvez seja fim da tarde. Eu vejo a Ana em um banco. Ela está esperando alguém. Percebo que ela está me esperando. Eu vejo ela me esperando, mas não posso entrar na cena. É como se estivesse amarrado e só pudesse vê-la ficando cada vez mais desajeitada com o meu 'bolo' e depois triste. Ela ainda me espera, mas eu não posso chegar, porque vai estragar tudo. Eu preciso ver o que ela vai fazer com isso, quanto tempo ela vai me esperar? Ela espera mais do que eu imaginava. Antes eu queria entrar na praça, mas agora eu só quero ver. Acho que ela me esperou bastante e só agora parece querer sair. Ela sai da praça e pega uma rua à esquerda que eu não sei onde vai dar. Eu sigo com o olhar seu corpo diminuindo sem querer me mexer, até que ela suma da minha visão. Quando não mais a vejo, sou eu que estou sentado no banco esperando por ela. Ela demora, eu espero. Vou ficando desajeitado e triste por ela não ter vindo. De repente me lembro que ela estava me esperando há pouco. Penso que a gente deve ter confundido o horário. Agora saio pela mesma rua à esquerda". É como se ele contasse um sonho, sonho diurno de divã. Deixamos o impacto da intensidade das imagens e das sensações corporais do fenômeno quase alucinatório operar sem traduções imediatas e finalizamos a sessão.

Na sessão seguinte ele me diz que não se lembra muito bem da sessão anterior, mas sabe que foi ao mesmo tempo intensa e evasiva. Começo a narrar a imagem da praça e ele agora passa a narrar as cenas do sonho diurno da sessão anterior com comentários mais conscientes. Ele diz da estranheza do prazer em fazer a si mesmo e à namorada ficarem tristes na cena, sobre sua imobilidade ora imposta, ora desejada e sobre a troca de papéis com ela, a ideia simples de um desencontro momentâneo e a possiblidade de um encontro em outro lugar. Nunca chegamos a uma cena de um trauma primitivo ou transgeracional de abandono nas suas lembranças, mas a intensidade alucinatória da cena na sessão deu continência pulsional e imagem para o que poderia, a qualquer momento, produzir uma atuação de abandono pelo paciente, essa fantasia individual e social, com potencial traumático, que geralmente acompanha o amor romântico.

Referências e indicações de leitura

Abuleac, S. (2022). *A sobrevivência do desejo nos sonhos de Auschwitz*. Blucher.

Beradt, C. (2007). *Sonhos do terceiro Reich: com o que sonhavam os alemães depois da ascensão de Hitler.* Três Estrelas.

Botella, C., & Botella, S. (2002). *Irrepresentável: mais além da representação.* Sociedade de Psicologia do Rio Grande do Sul, Criação Humana.

Botella, C., & Botella, S. (2016). Figurabilidade psíquica e estados não representados. In H. B. Levine, G. S. Reed & D. Scarfone (Orgs.), *Estados não representados e a construção de significado: contribuições clínicas e teóricas* (pp. 141-174). Blucher.

Campos, E. B. V., & Pereira, A. B. (2004). Uma metapsicologia do irrepresentável. *Psyche*, *8*(14), 193-196.

Coelho Junior, N. E., & Pereira, A. B. (Orgs.). (2021). *Sonhar: figurar o terror, sustentar o desejo*. Zagodoni.

Endo, P. C. (2018). O arquivo de sonhos de ex-prisioneiros de Auschwitz do Museu-Memorial de Auschwitz-Birkenau. *Percurso, 30*(60), 89-96.

Freud, S. (1937/1980). Construções em análise. In S. Freud, *Edição Standard Brasileira das Obras Psicológicas Completas de Sigmund Freud* (Vol. XXIII), Imago.

Green, A. (1900/1990) "O trabalho do negativo". In A. Green, *Conferências Brasileiras de André Green: metapsicologia dos limites*. Imago.

Lacan, J. (1985). *O Seminário, livro 3: as psicoses*. Jorge Zahar.

33. Uma ponte entre mim e Catarina: a figurabilidade

Bruna Paola Zerbinatti

Tomo o conceito de figurabilidade conforme trabalhado por César e Sara Botella (2007) em *La figurabilité psychique*, e também a partir do capítulo 6 de *A interpretação dos sonhos*, de Freud (1900/2013). O termo aparece em Freud como um dos procedimentos de trabalho do sonho ao lado do deslocamento, da condensação e da elaboração secundária.

É importante dizer que o próprio termo figurabilidade vem trazendo questões por conta das novas traduções da obra de Freud. O casal Botella se baseia na primeira tradução de Freud para o francês, em que *Darstellbarkeit* é traduzido por *figurabilité*; no entanto, a nova tradução francesa coloca o termo *presentabilité*, que seria traduzido por "presentabilidade". O mesmo ocorre em português: na edição de Paulo César de Souza, encontramos o termo *representabilidade*, enquanto na tradução de Renato Zwick o termo utilizado é efetivamente *figurabilidade*.[1]

---

[1] Para uma discussão aprofundada do termo, sugiro a leitura do verbete "Representar, figurar" do *Dicionário comentado do alemão de Freud* (Hanns, 1996).

Freud se dedicou pouco à figurabilidade dando ênfase à interpretação. Entretanto, quando lidamos com núcleos não representados,[2] a interpretação se mostra de pouca valia, já que falta uma etapa anterior na constituição do sujeito. Tais núcleos, proeminentes nos chamados casos-limite, também se encontram por vezes na análise de neuróticos e exigem do analista a capacidade de figurabilidade não possível para o paciente, para que, posteriormente, possa haver uma interpretação do que será então representado.

A partir do termo de Freud, o casal Botella propõe diferentes – porém complementares – definições do conceito de figurabilidade ao longo de sua obra, sendo para eles uma fonte de pesquisa bastante fecunda.[3] Na versão brasileira do livro, a figurabilidade aparece como "o produto de um trabalho psíquico diurno comparável ao do sonho, com seu percurso regrediente resultando numa percepção interna próxima da alucinação do sonhador" (Botella & Botella, 2002, p. 26).

O que está em jogo na figurabilidade é que, a partir de um processo regrediente do analista, semelhante ao do trabalho do sonho, torna-se possível ascender a uma condição quase alucinatória que permite a emergência de uma figuração para conteúdos até então não representados. Para haver representação, é necessário primeiramente haver inscrição, o que coloca em jogo as relações entre a alucinação como uma percepção sem objeto e a representação como sendo da ordem do que foi recalcado.

Para ilustrar a figurabilidade em uma análise, trago momentos do percurso que fiz com Catarina, uma menina de 9 anos que chega com uma queixa escolar de que não saber ler nem escrever. Sua professora chega mesmo a dizer que Catarina não sabe pensar,

---

[2] Esses núcleos são aqueles que têm alguma inscrição no psiquismo, porém não possuem representação.

[3] Ainda sobre questões editoriais, é preciso dizer que a versão francesa do livro dos Botella é bastante diferente da brasileira.

mesmo que não consiga explicar muito bem o que isso significa. Quando recebo Catarina, encontro uma menina articulada, que sabe, sim, ler e escrever, embora prefira não o fazer. Ao longo do tempo, crio a hipótese de que as dificuldades são menos de alfabetização do que de simbolização: parece que algo falha na sua capacidade de representar.

Quando sinto avançarmos um pouco na construção de nossas histórias, na sessão seguinte Catarina volta tendo "esquecido" como se jogam todos os jogos que conhece de cor e por vezes esquece até mesmo meu nome, como se fosse tomada de um branco. Essa alternância, bastante extrema, lança-me em um sentimento de impotência e de impasse, com muita incerteza sobre o que está ocorrendo. Catarina sabe e não sabe ler, sabe e não sabe escrever, sabe e não sabe jogar, sabe e não sabe pensar...

Meses se passam nesse ritmo de lembrar e esquecer até que, em uma sessão, Catarina pega a massa de modelar, divide o conteúdo comigo e começamos apenas entrando em contato com o material, manipulando sem chegar a uma forma. Pergunto o que ela vai fazer e ela começa repetindo exatamente o que havia feito da última vez, já alguns meses antes: bonecos de neve. Antes mesmo de começar o primeiro, desiste e pergunta o que vou fazer. Sinto naquele momento que Catarina precisa de fato que eu "faça" algo por ela, que eu "comece" algo realmente novo para nós duas.

Surpreendendo até a mim mesma, decido fazer uma ponte. Catarina se anima imediatamente e começa então a fazer uma história: em torno da ponte haverá a história do monstro do lago. Assim, fazemos a ponte, o lago, os peixes, o monstro e sua família, os jornalistas.... Uma série de figuras é criada e, em determinado momento, Catarina quer que eu escreva a história que ela está criando, deixando-me então como relatora.

Recriamos o cenário e a história durante mais três sessões e ela torna à ponte, onde tudo sempre começa, cada vez mais sofisticada, procurando novos materiais e misturando-os, colocando peças de Lego e blocos de madeira, criando novas sustentações. Continuo no papel de escrever a história, com personagens que vão ganhando nome e se relacionando entre si. Catarina se surpreende com o tamanho da história: "Nossa! Eu não sabia que eu tinha ideias! Eu até que estou tendo ideias! A história está ficando grande!".

Quando Catarina não sabia nem meu nome, minha existência como analista também estava ameaçada, a dupla quase deixava de existir, bem como todo o trabalho já realizado. Era como se tivéssemos de recomeçar a cada duas sessões. Entretanto, não era um recomeço do zero, porque alguma coisa voltava a funcionar, a prosseguir, até que desabasse mais uma vez.

Acredito que nesse caso também havia uma série de elementos não representados que a impediam de narrar, de criar histórias. A ponte que surge no meu psiquismo, aparentemente desconectada dos elementos que apareciam nas sessões, parece ter podido inscrever algo não representado, tanto que depois virou uma longa história.

É possível pensar na figura da ponte de diversas maneiras: no *après-coup*, encontro um fragmento de sonho que havia tido naquela noite em que deveria fazer a travessia de uma ponte e tinha medo. Talvez eu já estivesse então "sonhando" Catarina, mesmo antes da sessão, embora no momento em que a figurabilidade apareceu não me lembrasse do sonho.

A figura também é sugestiva: a ponte que precisamos construir entre nós, as ligações que precisamos estabelecer entre conteúdos e entre sessões que variam de construções ao esquecimento completo do que foi construído. A ponte também pode ser entendida como a ligação possível dos elementos que se encontravam desligados e que finalmente ganham uma possibilidade de representação pela ligação. Todas essas explicações poderiam ser satisfatórias, no entanto, a força sensorial da cena parece ultrapassar os sentidos que podem ser desenvolvidos *a posteriori*.

Referências e indicações de leitura

Botella, C., & Botella, S. (2001). Figurabilité et régredience. *Revue Française de Psychanalyse*, *65*(4), 1149-1239.

Botella, C., & Botella, S. (2002). *Irrepresentável: mais além da representação*. Criação Humana.

Botella, C., & Botella, S. (2007). *La figurabilité psychique*. Éditions In Press.

Freud, S. (1900/2013). *A interpretação dos sonhos* (Vol. 2). L&PM.

Hanns, L. A. (1996). *Dicionário comentado do alemão de Freud*. Imago.

GENEVIÈVE HAAG

34. As primeiras organizações pulsionais e o eu corporal

Camila Saboia

Geneviève Haag parte do conceito de eu corporal, apresentado pela metapsicologia freudiana, para enfatizar que as sensações constituem a matéria-prima do processo da constituição psíquica do bebê e dos primeiros traços do desenvolvimento corpóreo--psíquico. A autora situa-se no campo da psicanálise contemporânea, enfatizando a importância de considerar a relação objetal pelo viés do interpsíquico e do interpessoal, e afirma que "não haveria vida pulsional sem Objeto e tampouco Objeto sem vida pulsional" (Haag, 2020, p. 384). Ressalta, ainda, que é a experiência interpsíquica que, provavelmente, sustentaria e permitiria que os elementos intrapsíquicos se revelassem.

Haag, ao teorizar sobre o processo da construção do eu corporal, toma como alicerce central as experiências sensoriais vividas desde a vida intrauterina. Descreve, assim, que a experiência primária táctil de apoio do dorso do feto na parede da cavidade intrauterina do ventre da mãe é, concomitantemente, sentida e experienciada como mentalização da presença de "objeto de apoio de fundo",[1] experiência esta que determinaria a qualidade dos diálogos emocionais pré-natais e, com ela, os objetos *self* e a interiorização dos objetos *a posteriori*. Ela acrescenta que essa experiência de presença "de fundo de identificação primária", combinada com a experiência rítmica do sonoro e da interpenetração do olhar, é o que permitirá à criança construir o sentimento de envelopamento ou continência.[2]

Essa vivência de envelopamento seria condição fundamental para que o espaço psíquico, isto é, a "cavidade intersubjetiva" possa ser construída e, com ela, a passagem do registro da vivência de um corpo bidimensional para o registro da tridimensionalidade. Nesse sentido, ressalta que a "experiência de sustentação dorsal" seria responsável pela construção da experiência de fundo que corresponderia, para Haag, ao que Bion denomina "esqueleto interno". O movimento do bebê de se endereçar a um outro permite que se estabeleça um jogo pulsional caracterizado por um movimento de vaivém, responsável pelo estabelecimento de um circuito pulsional conceituado como "anéis relacionais",[3] por meio do qual o bebê passaria a construir suas primeiras imagens esféricas da representação de seu eu corporal.

Para Haag, cada elemento dessa estrutura radial contém uma espécie de "retorno" de intersubjetividade primária, onde se situa o pequeno negativo do ponto de encontro, uma espécie de "ponto de rebote" que corresponderia ao diferencial da resposta do outro,

---

1 Haag (2018) faz referência ao conceito de *l'objet d'arrière plan*, tomado de James Grotstein (*background of primary identification*).

2 O termo original em francês é *le sentiment d'entourrance*. Vale dizer que essa palavra em francês foi utilizada por Haag como um jogo de palavras do próprio nome *entourage*, que poderia ser traduzido como entorno.

3 Este importante conceito de Haag é denominado, no francês original, *boucles de retour*. A fim de abarcar a ideia original de Haag, a autora optou por traduzi-lo como "anéis relacionais" em vez de "anéis de retorno".

isto é, a própria raiz de diferenciação "eu/outro". Ela ainda ressalta que, para que possa sair do estado de identificação adesiva (considerado por ela como constitutivo do processo subjetivo do bebê) para um registro de um corpo tridimensional, seria necessário o bebê vivenciar a experiência de continência exercida pela presença de um objeto outro que tem o papel de um "duplo especular". Este seria capaz de devolver respostas semelhantes, mas suficientemente diferentes, à medida que metaboliza e transforma (no senso bioniano) as mensagens enviadas pelo bebê.

Por meio do encontro rítmico regido pelo jogo pulsional do vaivém dos elementos protossimbólicos, enviados pelo bebê e devolvidos por esse objeto duplo, o bebê vai podendo vivenciar as "relações intracorporais" na construção dos "objetos de lateralidade". A lateralização dos objetos corresponderia à integração do lado direito do corpo do bebê ("lado mamãe") com o seu lado esquerdo ("lado bebê") numa espécie de "fantasma de soldagem" ao hemicorpo materno, no qual se alternam momentos de adesividade com momentos de separação.

Haag descreve também que a experiência de identificação dos objetos de lateralidade, experimentada pelas mãos do bebê que se interpenetram (teatro das mãos) e acrescentada à experiência da apropriação dos membros inferiores (pés) – "identificações intracorporais" –, leva o bebê a vivenciar o entrecruzamento dos dois principais eixos do corpo, impedindo-o de experienciar um corpo clivado horizontalmente ou verticalmente, tão frequentemente observado nas crianças autistas. Haag afirma que a falta desse eixo central no corpo da criança a impede de organizar os diferentes fluxos sensoriais no que denominamos "polissensorialidade sincrônica". A título de exemplo, podemos descrever o momento da amamentação, quando o bebê passa a reunir essas diferentes experiências sensoriais – a experiência tátil de apoio do dorso com a junção boca/mamilo/interpenetração do olhar –, levando-o a construir as primeiras imagens esféricas do eu corporal.

A partir do caso Bruno, publicado em 1988 no seu célebre artigo "Le dos le regard, et 'la peau'", Haag descreve a importância da construção do eu corporal via as observações clínicas dessa criança. A autora relata que, aos 12 meses, essa criança apresentava um corpo extremamente enrijecido, ausência de experiência de articulação dos membros inferiores e superiores, evitamento do contato de apoio dorsal e pouca sustentação da interpenetração do olhar, acompanhados da ausência de qualquer investimento na junção mão-boca.

Aos 20 meses, Haag ressalta uma sessão na qual Bruno procurava colar/descolar objetos de superfícies planas como pratos de jogos de comidinha; em seguida, ele pega um cubo azul, busca o olhar da analista, passa-o desde a base do nariz até a linha mediana do crânio, desce-o até a base da nuca e deixa-o escorregar sobre suas costas. A seguir, ele o apanha fazendo movimentos laterais com os braços ao mesmo tempo que joga seus cabelos para a frente, como se estivesse falando de sua construção "do espaço de apoio de fundo" por via da integração dos dois lados do corpo, proveniente da experiência tátil da combinação do dorso com a interpenetração do olhar.

Dois anos depois, Bruno repete essa mesma demonstração ao alternar movimentos de trocas profundas de olhar com a busca de apoio dorsal. Por exemplo, quando ele busca troca de olhares, alternando com o movimento de sentar-se numa pequena poltrona redonda, localizada abaixo do quadro-negro, onde ele passa a desenhar diversos pontilhados que ilustrariam essa experiência de interpenetração do olhar. Em seguida, ele desenha círculos formando uma espécie de buquê composto por diversos anéis irradiantes, que Haag descreve como a própria representação do que ela passa a teorizar como anéis relacionais.

Referências e indicações de leitura

Haag, G. (1988). Le dos, le regard, et "la peau". *Revue de Neuropsychiatrie de L'Enfance*, *36*(1), 1-8.

Haag, G. (2018). *Le Moi corporel: autisme et développement*. PUF.

Haag, G. (2020). Sexualidade oral e o eu corporal. *Revista de Psicanálise da SPPA*, *13*(1), 103-129.

Haag, G., & Golse, B. (2021). O lugar das clivagens sensoriais no desenvolvimento e nas patologias arcaicas. *Percurso*, *66*, 9-32.

JULIA KRISTEVA

35. Depressão e melancolia: o simbólico em questão

Bárbara Taveira Fleury Curado

Muitos autores escreveram sobre depressão e melancolia, logo, sabemos que esta temática não foi inaugurada por Julia Kristeva. Ainda assim, a psicanalista dedicou um livro inteiro ao assunto. *Sol Negro negro* (1989) articula depressão e melancolia com a dificuldade que esses sujeitos têm em simbolizar. Para Kristeva, tanto a depressão quanto a melancolia são efeitos de lutos jamais realizados, tendo como experiência comum a questão da perda do objeto primordial, encarnado majoritariamente pela mãe.

Incapazes de abrir mão da mãe, esses sujeitos não entram no trabalho de luto do primeiro objeto no qual investiram, aquele de que retiramos os traços de referências para empregarmos em outros no mundo. Kristeva (1989) explica que, sem fazer o luto da Coisa, melancólicos e depressivos recusam esse assassinato simbólico da mãe, introjetando-a como forma de protegê-la. O preço disso, dessa recusa em perder, é a morte do próprio eu, já que sem desinvestir da Coisa adentra-se de forma precária na simbolização.

Isso porque todos nós, na experiência de separação da mãe, encontramos uma solução de luta ou fuga por meio da linguagem.

Ao recusar essa experiência, o melancólico e o depressivo vivem uma falha simbólica. Esta se manifesta na clínica por uma lentidão na enunciação, como nos silêncios prolongados. Sua palavra é repetitiva, monótona, revelando uma dificuldade em encadear ideias, mas também em uni-las às emoções. Ao eleger a tristeza como seu afeto principal, a dor o impede de agir ou falar, deixando-o paralisado. Por isso, sua fala não faz uma sequência, mas estanca na dor.

O que Kristeva (1989) insiste em mostrar é que independentemente de todos os fatores bioquímicos que envolvem esses sujeitos, a clínica psicanalítica revela que a possibilidade de adentrar no simbólico, encadeando significantes – palavras, atos –, depende da realização do luto da Coisa. Primeiro, a criança faz esse luto e só depois, como efeito dele, consegue ascender ao registro dos signos, ou seja, aceitando perder a mãe, ela ganha a liberdade de fluir no mundo dos significantes, mundo que advém da ausência do objeto. Trata-se de abandonar o leito materno para se pôr como intérprete do mundo. Perdemos a mãe para recuperá-la na linguagem, recuperá-la de uma outra forma. É assim que a linguagem se torna uma forma de traduzir essa mãe e tudo aquilo que foi vivenciado primordialmente com ela. Sem perdê-la é impossível representá-la, a mãe se torna sagrada, insubstituível.

Lembremos que em toda tradução algo se perde e se transforma. Ao mesmo tempo que melancólicos e depressivos têm essa crença na tradutibilidade da mãe, eles se esforçam em ser o mais fiel possível a ela, e isso os leva à sensação de fracasso constante. Incapazes de entrar nesse jogo de tradução, esses sujeitos buscam a Coisa, a metalinguagem, a captação do inominável. Daí vem a dificuldade de criar sentidos para a vida e de fazer esses sentidos serem elaborados e reescritos. A consequência disso? Uma renúncia à significação que os faz emergir no silêncio da dor, na assimbolia, na perda de sentido. Incapazes de traduzir, eles acabam por se calar e morrer.

De um lado fica a linguagem, e consequentemente a vida e os sentidos que ela pode ter. Do outro lado, fica a Coisa e o nada (a morte) ganhando um valor cada vez mais intenso. O que temos nessa clínica é a palavra sendo usada como uma máscara, o que possibilita que eles racionalizem seus sintomas, mas não os elaborem.

Por fim, há duas colocações clínicas importantes que Kristeva (1989) faz sobre melancólicos e depressivos que nos permitem refletir sobre a clínica psicanalítica atual. A primeira diz sobre a direção do tratamento. A segunda, sobre a aproximação entre o sujeito moderno e o melancólico. Para Kristeva, o sujeito moderno é um melancólico em potencial, ou seja, um ser perdido em sentido, com sentimento de desespero e sensações de demolição dos valores simbólicos, sintomas frequentes na clínica atual.

Kristeva afirma que isso ocorre porque, desde a Segunda Guerra Mundial, vivemos um excesso de violência, advinda de um desenvolvimento tecnológico que ainda não conseguimos elaborar, o que nos transforma em uma sociedade traumatizada, ou seja, sem capacidade de simbolizar os acontecimentos que nos acometem. Se a clínica hoje é presentificada com melancolias, depressões, pânicos e ansiedades, o que há em comum nessas formas atuais de estar no mundo passa pela questão do luto – da elaboração do que andamos perdendo – e da dificuldade de simbolizar e recriar sentidos para nossa vida hoje.

É preciso ressaltar que não há luto sem endereçamento. É aí que entra o analista e a questão da direção do tratamento. Kristeva (1989) diz: "A solidão nomeada deixa-nos menos sozinhos... contanto que encontre um destinatário para esse excesso de pesar" (p. 89). O analista, por meio da empatia e da interpretação, restituirá a dimensão simbólica possibilitando que melancólicos e depressivos deem nomes aos seus afetos. Isso ocorre ao dissolver os mecanismos de recusa do significante que os paralisam. Numa análise, palavra e afeto se inscreverão juntos por meio da relação transferencial, criando um ancoramento simbólico que dará novas aquisições de comunicação ao analisante, lhe servindo para mediar seu desejo.

Por fim, cito um breve extrato clínico: quando Lia me procura, fica a maior parte das sessões em silêncio. Às vezes cedo e falo por ela – como depois descubro que sua mãe também faz. Mãe que ela jamais entra em embate, temendo decepcioná-la. Já o pai, ela detesta. Detesta ou está presa às críticas da mãe a ele? Lia fala baixo e, apesar de ter uma inteligência acima da média, não se serve dela profissionalmente, posto que não consegue se posicionar.

Após os primeiros meses de um extremo silêncio, começo a suscitar sua fala. Com o desenrolar das sessões, ela então se põe a nomear o que gosta, mas há sempre um entrave, um "mas" que justifica porque não se autoriza a usufruir do que deseja. O desejo começou a despontar, apesar dos pesares. E haja pesar! As sessões decorrem com ela falando de sua decepção consigo mesma, de sua dor existencial. Essa falta de fé em si a coloca à margem da própria vida numa melancolia constante. Fala como se enxergasse sua vida de fora, uma espectadora que só acessa da vida sua dor.

A possibilidade de se diferenciar da mãe a deixa paralisada, é preciso paciência, há sessões que demoram mais de quinze minutos para começar, além disso, como sua fala, o caminhar das sessões é lento. Foi preciso alguns anos para que eu tivesse a coragem de aproximá-la do pai, forma que encontrei para não apenas questionar a mãe ideal, mas também fazer sair os sentimentos ambíguos em relação a ela, caminho para uma separação entre as duas.

É a apropriação do afeto pela razão que faço em minhas intervenções que possibilita a ela ir aos poucos se afetando pelas palavras ditas em análise e pelo mundo que a cerca. As palavras são as armas que tenho para fazer Lia se aproximar da vida com seu corpo, não apenas com seu olhar julgador e decepcionado. Lia precisa de tempo e insistência da parte da analista para encarar esse luto, só assim assumirá sua diferença. O desejo a apavora, mas esse temor já é prova de que as palavras a afetam, elas vão deixando de ser essa carcaça que a protege enfeitando, aliás enfeiando, para a afastar dos outros.

Referências e indicações de leitura

Allouch, J. (2004). *Erótica do luto no tempo da morte seca.* Companhia de Freud.

Freud, S. (1915-1917/2011). *Luto e melancolia.* Cosac Naify.

Klein, M. (1940/1996). O luto e suas relações com os estados maníaco-depressivos. In M. Klein, *Amor, culpa e reparação e outros Trabalhos.* Imago.

Kristeva, J. (1989). *Sol negro: depressão e melancolia.* Rocco.

36. Estrangeiro para nós mesmos

Paulo José Carvalho da Silva

O estrangeiro é o outro lado de nossa própria identidade, ele nos habita. Essa é a tese central de um ensaio da pensadora e psicanalista de origem búlgara, radicada na França, Julia Kristeva, publicado pela primeira vez em 1988.

Segundo nos conta Kristeva, aquele que era considerado o inimigo nas sociedades primitivas, o estrangeiro, provocou reflexões sobre o que nos une e nos diferencia desde os gregos antigos, passando pelos teóricos do judaísmo e do cristianismo, até os humanistas da primeira modernidade, pensadores do Iluminismo e do Romantismo. Em especial no século XIX, com o recrudescimento do nacionalismo e o triunfo do individualismo, a diferença nacional foi particularmente enfatizada. Seria necessária, portanto, uma nova revolução no pensamento, que operasse uma desconstrução do individualismo e da ilusão de completude gloriosa e jogasse luz nas incoerências e nos abismos no cerne da alma humana, para que as próprias estrangeiridades pudessem ser consideradas; enfim, para nos reconhecermos como estrangeiros que todos somos.

Numa leitura mais psicanalítica, quem deixa seu país de origem se exila de sua própria mãe ou dela se alheia, como Albert Camus já colocara em cena. Além das rupturas, o sujeito em deslocamento tende a ver sua vida marcada por escolhas difíceis, provocações, surpresas, adaptações. Ele não tem repouso: "Não pertencer a nenhum lugar, nenhum tempo, nenhum amor. A origem perdida, o enraizamento impossível, a memória imergente, o presente em suspenso" (Kristeva, 1988/1994, p. 15).

Muitos vivem com o pensamento voltado para o país abandonado. No fundo, lamentam um paraíso perdido, sem saber que se trata de uma miragem do passado, impossível de ser recuperado. Esses inconsoláveis vivem o entre dois da nostalgia, são sonhadores que fazem amor com a ausência, traço de melancolia.

Kristeva propõe uma caracterização conforme a relação com o espaço perdido. Uns fixam-se no vazio, são cínicos, enrijecidos e lamuriosos, sempre desesperançosos. Outros são mais crédulos, transportados pela paixão, voltam-se para uma terra prometida, que pode, inclusive, ser encarnada por uma carreira, um amor, uma glória. São curiosos e ávidos de encontros, porém eternamente insatisfeitos. Todavia, pode-se perguntar se o migrante, pelo menos o voluntário, não se lançaria nessa aventura além-fronteiras porque, em certa medida, já se sentia estrangeiro por dentro.

De todo modo, a situação desgarrada do forasteiro provoca uma sensação de liberdade, mas também isolamento e solidão. Como se não bastassem a barreira linguística e a falta de laços sociais estáveis, esse corpo estranho, geralmente em destaque na multidão e tomado como intruso, é objeto de ódio. Ao retomar as representações antigas e medievais do estrangeiro, a psicanalista conclui que esse é sempre definido na negativa. Sem direitos políticos, ele é uma cicatriz entre o homem e o cidadão.

Por outro lado, talvez seja a capacidade de estranhamento que permitiria ao estrangeiro rir dos nossos limites, bem como pôr em questão nossos despotismos mentais e políticos, tal qual um filósofo: "Ele é a metáfora da distância que deveríamos tomar em relação a nós mesmos, para relançar a dinâmica da transformação ideológica e social" (Kristeva, 1988/1994, p. 140).

É, enfim, a partir de Freud que a noção de estrangeiro se torna mais íntima e radical, ao dizer respeito à condição do ser de palavra, exilado do mundo natural. "A partir de agora, sabemos que somos estrangeiros de nós mesmos e a partir desse único apoio é que podemos tentar viver com os outros" (Kristeva, 1988/1994, pp. 177-178). Dito de outro modo, com o inconsciente freudiano, a alteridade passa a ser parte integrante de si. Entre corpo e linguagem, entre natureza e simbólico, o inconsciente é sempre formado pelo outro. Nessa lógica, a própria transferência seria uma experiência de alteridade que permitiria se reconciliar com o outro em si mesmo. E uma psicanálise poderia ser pensada como uma viagem ao estrangeiro do outro e de si mesmo.

Em suma, o outro é meu próprio inconsciente. "Inquietante, o estranho está em nós: somos nós próprios estrangeiros – somos divididos" (Kristeva, 1988/1994, p. 190). E é dessa alteridade, inelutável e desconcertante, que se trata numa análise: do outro da morte, outro da mulher, outro da pulsão.

Aliás, *Das Unheimliche* – ou seja, o infamiliar, inquietante, estranho, sinistro, perturbador e mesmo, como Freud escreve a partir da versão grega *xenos*, estrangeiro – é a obra na qual Freud (1919/2020) reflete sobre a rejeição fascinada desse outro, ou, mais precisamente, do retorno em si mesmo desse outro que se prefere recalcar. Embora não discorra propriamente sobre a vida psíquica do estrangeiro, ele acaba por redefinir a alma humana como país de fronteiras e alteridades, incessantemente construídas e desconstruídas.

> *Ao cosmopolitismo estoico, à integração universalista religiosa, em Freud, sucede a coragem de nos dizermos desintegrados para não integrar os estrangeiros e muito menos persegui-los, mas para acolhê-los nessa aflitiva estranheza que é igualmente a deles e a nossa... O estranho está em mim, portanto, somos todos estrangeiros. Se sou estrangeiro, não existe estrangeiros. Assim, Freud não fala deles (Kristeva, 1988/1994, pp. 201-202).*

A autora adverte que se propõe prospectiva, que suas páginas são fragmentárias e declaradamente subjetivas. Na realidade, combina vivência pessoal como estrangeira na França, experiência como analista de migrantes e saberes teóricos, colhidos na literatura, na filosofia e na psicanálise. É verdade que muitas vezes faz generalizações, mas oferece uma análise muito aguda dessa condição, para defender o direito à singularidade.

Dentre múltiplos exemplos, relata o caso de uma jovem estudante que chegara virgem e tímida em Paris e, encorajada pela sensação de liberdade típica do estar longe da casa familiar, lançara-se em aventuras sexuais das mais audaciosas. Meses depois, após uma ruptura amorosa, apresenta uma enfermidade pulmonar. Para Kristeva, trata-se de uma ilustração de como os limites externos e internos podem se confundir, criando uma ilusão de gozo livre, com efeitos, porém, na identidade psíquica e corporal. Ademais, o caso mostra como a inibição da expressão linguística pode acarretar somatizações.

O valor clínico da noção é bastante claro. Sujeitos em deslocamentos sempre existiram, mas, na atualidade, representam um contingente muito significativo de pessoas em sofrimento psíquico, que poderiam se beneficiar de uma análise. Apreender a condição de estrangeiro é fundamental para melhor atender esse público, que, muitas vezes, vive em situações de vulnerabilidade, discriminação e privação de direitos. A análise do migrante – com outra língua, outras referências culturais e valores, outros modos de representar sentimentos e expressar a sexualidade, outras formas de gozo – pode exigir do analista um descentramento de sua própria cultura, uma flexibilização da técnica, uma revisão das convicções teóricas e, em particular, um confronto com sua própria estrangeiridade. Além dessa clínica específica, a noção ajuda a pensar o próprio processo analítico, pois todo psicanalisando, a rigor, atravessa a fronteira do inconsciente.

Referências e indicações de leitura

Freud, S. (1919/2020). *O infamiliar [Das Unheimlich]*. Autêntica.

Kristeva, J. (1988). *Étrangers à nous-mêmes*. Gallimard.

Kristeva, J. (1988/1994). *Estrangeiros para nós mesmos*. Rocco.

JACK MESSY

37. Espelho quebrado: o inevitável confronto com a velhice e a finitude

Maíra Humberto Peixeiro
Ruth Gelehrter da Costa Lopes

O espelho quebrado é um conceito forjado a partir do esquema óptico proposto por Lacan (1949/1998) para elucidar um momento fundamental na constituição do eu, o estádio do espelho, que por sua vez complementa a ideia de narcisismo desenvolvida por Freud (1914/2010). Messy (1999), no entanto, não aborda os primeiros momentos de vida, mas a velhice.

Segundo ele, a velhice se trama nos espelhos. O verso final do poema "Retrato" de Cecília Meireles (2014) evidencia a angústia diante de uma imagem que revela a passagem do tempo e deflagra a entrada na velhice, antessala para a morte: "Em que espelho ficou perdida a minha face?". Frequentemente essa imagem não é reconhecida, revelando um descompasso entre a representação narcísica de si e a do(a) velho(a) devolvida pelo espelho: sente-se jovem, no entanto, o espelho revela o contrário. Como Oscar Wilde (1890/2000) escreve em *O retrato de Dorian Gray*: "a tragédia da velhice não é ser-se velho, mas ser-se novo" (p. 146).

Durante o confinamento imposto pela pandemia de covid-19, o uso dos aparelhos digitais ganhou novas proporções. Uma paciente

(72 anos) vinha revelando incômodo com a intensa presença das telas em seu cotidiano; ver-se a perturbava. O que via? Após a morte do marido, doente havia muitos anos, o incômodo se intensificou. Evidenciaram-se nas telas as rugas, as papadas, os cabelos brancos, a falta de tônus, as olheiras. Assistir ao próprio envelhecimento projetado na tela tornou-se insuportável. Queria desviar o olhar, mas não podia. Percebia-se velha na imagem, mas não era assim que se sentia e dizia não querer saber do que avistava.

O não reconhecimento de si na imagem se articula à recusa do que a percepção da velhice pode engendrar: a morte vindoura. A entrada na velhice, segundo Messy (1999), se dá a partir da ruptura do envelhecimento – processo inscrito no tempo que ocorre desde o nascimento – de maneira abrupta. "Se o envelhecimento é o tempo da idade que avança, a velhice é o da idade avançada, entenda-se, em direção à morte" (p. 23).

O envelhecimento alternaria perdas e aquisições nas relações com os objetos, enquanto a velhice colocaria em evidência somente as perdas. Esse momento pode ocorrer aos 50 ou aos 90 anos, é absolutamente singular e anunciado por acontecimento que pode parecer inócuo, como uma queda na rua, ou claramente significativo, como a morte de um companheiro ou companheira; portanto, um acontecimento que lance o sujeito temporariamente em uma impossibilidade de elaboração da perda vivida e de novo(s) investimento(s) objetal(ais).

Para Messy (1999), a imagem da velhice é o reverso de uma imagem ideal, já que pode produzir horror e repulsa. Segundo Lacan (1949/1998), o estádio do espelho consiste em uma passagem em que a criança pequena, imatura, dependente, imersa em sua impotência motora, se identifica com sua imagem refletida no espelho, imagem unificada, totalizante, que reúne as partes de um corpo fragmentado e assim se precipita em uma forma primordial que passará a designar o eu ideal. De maneira contrária, "Ao passo que a criança se rejubila antecipando sua unidade corporal e o domínio da motricidade, pedra angular do narcisismo secundário, o adulto se aflige, ao longo de seu avanço etário, ao antecipar um corpo fragmentado, arrebentado, um corpo de morte" (Messy, 1999, p. 33).

O espelho se quebra e revela assim um ego-feiura (Messy, 1999), em contraposição ao eu ideal. As limitações atribuídas socialmente ao velho e à autopercepção dos danos que acompanham as mudanças corporais podem tomar todo o espaço e, assim, somente as perdas e as limitações são consideradas, sem restar lugar para ganhos e potencialidades, desencadeando uma "queda do ideal". A fragmentação do corpo referida aos primeiros momentos do desenvolvimento é vivida retroativamente pelo sujeito e deflagra o medo da dependência e da morte; vivência de desamparo tão presente na clínica com idosos.

Uma mulher de 79 anos, em razão da pandemia, teve seu estabelecimento comercial fechado por vários meses, sem prazo claro de reabertura. Durante toda a vida, depositou na dedicação ao trabalho a possibilidade de superação de uma separação traumática na juventude. Desanimada e confusa, passa a não cuidar mais de si nem da casa, então a família a leva a procurar análise. Descreve o medo de envelhecer, acentuado pelo incômodo provocado pelas dores no corpo e pela dificuldade na mobilidade. Evidencia-se a falta de perspectiva, o receio de uma velhice sem sustentação, a ameaça de não deixar herança para os filhos. Segue a rememoração incessante de perdas, especialmente situações de violência vividas no passado em que não pôde reagir. Quando a fragilização no corpo se intensifica, a cena violenta retorna articulada à sensação de estar sem saída.

Lacan (1949/1998) afirma que, ao mesmo tempo que a criança se identifica com a imagem unificada refletida no espelho – uma ficção de si mesma –, surge uma tensão. A imagem ocupa o lugar de um eu ideal que se caracteriza por ser absoluto, imediato, implacável e inalcançável para o eu. A tensão entre o eu ideal e o eu só poderá ser atenuada por outra instância: o ideal de eu.

No momento do espelho quebrado, essa tensão ocorre entre o eu e o eu-feiura: "Quando uma idêntica tensão surge entre o ego e o ego-feiura, isso deve ocorrer pela mediação do ideal do ego, para que o simbólico possa organizar esse imaginário repulsivo e aterrador" (Messy, 1999, p. 35). O ideal do eu é uma instância mediadora que parcializa, relativiza, negocia, articulando o registro imaginário com o registro simbólico; é na linguagem e na cultura que o sujeito pode encontrar referências na forma de leis, condições, modelos, discursos para, a partir de uma perspectiva que retoma a passagem do tempo, poder tomar a distância necessária para se satisfazer e se valorizar na busca por um ideal plausível, realizando os redimensionamentos necessários para reaver um lugar desejável ao eu, apoiando-se em capacidades sublimatórias e investimentos possíveis que dão lugar à elaboração das perdas relativas ao corpo, aos objetos de amor e aos lugares sociais.

No entanto, vivemos sob a égide de uma cultura que preconiza uma estética e um campo de valores ligados à juventude e na qual se teme a morte associada ao envelhecimento. Messy (1999) descreve uma tendência agressiva contra a velhice, já que a imagem apreendida e reproduzida na cultura não contempla a totalidade desse momento de vida, ressaltando sua vertente de horror e destruição. No âmbito coletivo, os efeitos podem ser verificados na segregação institucional histórica dos velhos; na intolerância em relação às marcas estéticas ligadas à velhice; no ageísmo – preconceito em relação ao idoso que pode tomar inúmeras formas. No âmbito subjetivo, a imersão nessa cultura torna o enfrentamento do eu-feiura uma tarefa árdua e o desfecho pode engendrar o surgimento de algumas psicopatologias donde as demências se sobressaem. Dessa forma, quebra-se o espelho do velho tanto quanto se quebra o de quem, na aproximação com os velhos ainda vivos, procura disfarçar a existência da morte.

Referências e indicações de leitura

Freud, S. (1914/2010). Introdução ao narcisismo. In S. Freud, *Obras Completas de Sigmund Freud* (Vol. 12). Companhia das Letras.

Lacan, J. (1949/1998). O estádio do espelho como formador da função do eu como nos revela a experiência psicanalítica. In J. Lacan, *Escritos* (pp. 96-103). Jorge Zahar.

Meireles, C. (2014). Retrato. In C. Meireles, *Retrato natural*. Global.

Messy, J. (1999). *A pessoa idosa não existe: uma abordagem psicanalítica da velhice*. Aleph.

Wilde, O. (1890/2000). *O retrato de Dorian Gray*. Abril, Centroljornal. Edipress.

BERNARD PENOT

38. Figuras da recusa

Maíra Humberto Peixeiro

As figuras da recusa são fenômenos observados na clínica quando ocorre uma recusa da realidade. Esse mecanismo dá lugar a manifestações subjetivas que se articulam com aspectos não acessíveis, que permanecem fora do circuito simbólico daquele sujeito – apresentações figuradas de elementos não elaborados do psiquismo familiar ou de um grupo social: uma falha na transmissão psíquica que ocorre entre as gerações.

Penot (1992) situa a recusa na obra freudiana como um conceito cujas implicações não foram totalmente exploradas, uma elaboração conceitual inacabada que mereceu ser retomada. O autor ressalta que os termos em alemão *Verwerfung* – rejeição (termo que dará origem ao termo forclusão forjado por Lacan) –, *Verdrängung* – recalcamento – e *Verleugnung* – recusa – são usados como se fossem equivalentes nos primeiros textos freudianos, sendo que o primeiro deixa de ser utilizado para dar lugar a *Verleugnung* nos textos posteriores à publicação do caso do Homem dos Lobos (1918). A *Verdrängung* se diferencia e se destaca no decorrer da obra freudiana, ganhando estatuto de mecanismo de defesa fundamental para a elucidação das neuroses. Segundo Penot, a recusa, ou a não admissão da percepção, faz-se a partir de uma operação de abolição simbólica; mantém-se um não investimento em certas representações do mundo externo, mas sem apagá-las. Elas são reduzidas a uma não significância, a um não valor no mundo simbólico, diferentemente do recalque, em que o valor simbólico é mantido e o recalcado retorna por meio dos sintomas de forma cifrada.

No texto "Algumas consequências psíquicas das diferenças anatômicas entre os sexos", Freud (1925/1980) descreve uma reação comum na criança diante da percepção da ausência do pênis na mulher: ela a recusa e, dessa forma, se protege da ameaça de castração, consequência lógica que advém dessa percepção, defendendo assim sua integridade corporal. Segue um período de negociação em que imagina que a menina tem um pênis pequeno que crescerá – ou que está escondido, mas vai surgir –, até que possa admitir a castração. Em algumas situações, a recusa se estende até a idade adulta e pode representar uma fenda na relação com a realidade.

Em "A divisão do ego no processo de defesa", Freud (1938/1980) avança em sua compreensão do mecanismo da recusa e formula a ideia de que duas correntes antagônicas poderiam existir no psiquismo, duas disposições mentais incompatíveis e não articuladas entre si quanto à significação, duas partes clivadas do ego (Penot, 1992). Uma das correntes considera a castração e outra a recusa:

> *De fato, tudo se passa como se um dos fragmentos do ego* aceitasse funcionar sob a égide de um jogo simbólico fundado na presença-ausência *(do phallus), e sobre a diferença (e, portanto, a incompletude) dos sexos, enquanto a outra (a este respeito, puramente narcísica) permaneceria irredutivelmente refratária, não aceitando*

> *levar em consideração senão a referência unitária, a lei do um (p. 29, grifos do original).*

A defesa, então, tem sucesso às custas de um dilaceramento do ego, o qual crescerá distorcendo o próprio sentido de uma defesa que busca a integridade egoica.

As figuras da recusa resultam de uma situação na qual a tentativa de evitar o impacto violento de percepções desprazerosas para o psiquismo, de lhes atenuar a carga traumática, não têm sucesso. Ao invés disso, as representações recusadas acabam por ganhar uma *virulência* extrema e passam a retornar na forma de uma compulsão à repetição, mantendo-se extremamente ruidosas e dolorosas. Na medida em que as ligações simbólicas são apagadas, abre-se campo para a pulsão de morte.

Somente o enfrentamento do desprazer causado por essas representações seria capaz de reinstaurar um funcionamento regido pelo primado do princípio de prazer e da realidade na economia psíquica, o qual tinha passado a ser regido pelo traumático e pela compulsão à repetição. As ligações psíquicas desencadeadas, caso se admitisse essa realidade dolorosa, seriam imprescindíveis para que se pudesse tratá-las no quadro de um jogo simbólico (Penot, 1992).

Essa impossibilidade de fazer ligação é herdada das instâncias parentais; há uma certa falha na simbolização de aspectos muito importantes para a criança, que não favorece que sejam tratados de outra forma que não pela recusa. Acontece uma "infiltração das representações do sujeito por figuras mal *psiquizadas* que emanam de sua percepção de certas mensagens (inconscientes) dos pais" (Penot, 1992, p. 34). As representações não *pensáveis* pelo casal parental, estas que não atuam como ligação para a produção e a circulação de sentido em um jogo simbólico, tornam-se pontos de interrupção no pensamento da criança.

Rogério era um jovem que não conseguia responder às convocações para o início da vida adulta; recolhia-se em casa, usava drogas cotidianamente, vivia uma espécie de morte em vida e ameaçava suicidar-se. No decorrer dos atendimentos de família, evidenciou-se uma necessidade imperativa da mãe de resolver imediatamente questões enunciadas pelo marido e pelos filhos, com respostas que soavam como *verdades únicas* e, quando proferidas, produziam tensão e irritação em toda a família. Nesses momentos Rogério explodia com muita raiva.

O pai dessa mulher, avô do jovem em questão, havia morrido precocemente de um ataque súbito do coração e nem todas as precauções e os cuidados característicos dessa família puderam salvá-lo. O olhar excessivamente vigilante para o filho, que ela receava que se suicidasse, reeditava a cena traumática; na tentativa de proteger a família, ela os sufocava. De família judaica, sabia que sua mãe – avó de Rogério – havia experienciado situações de precariedade e violência oriundas de perseguição política e religiosa em seu país de origem, acontecimentos sobre os quais nunca conversaram. O relato trazido pelos netos era de uma avó sempre de prontidão para atendê-los em suas necessidades, sobretudo as básicas como frio e fome; ela provia a casa da filha com toda a alimentação necessária à família, levando *tigelas cheias de comida*. Ambas, mãe e filha, pareciam não suportar que algo faltasse aos filhos ou aos netos. E Rogério parecia figurar a vulnerabilidade, a falta, o risco de morte que horrorizava as duas gerações que o antecediam.

Penot (1992) afirma que não é o conteúdo do imaginário familiar em si que faz surgir a não transmissão entre gerações, mas o fracasso da família em fazer desses conteúdos um *mito verdadeiro*, ou seja, um discurso capaz de articular esses elementos, de articular as diferentes linhagens e seus componentes históricos favorecendo que a próxima geração dele participe, incluindo o que faltou (tardou, foi insuficiente, provocou dor).

Na clínica faz-se fundamental o favorecimento da construção de um mito que engendre os momentos traumáticos da história familiar, que permita ao sujeito um pensamento próprio, a seu próprio respeito, e abra caminho para que teça sua própria trama fantasmática em lugar da apresentação compulsiva das figuras da recusa.

Referências e indicações de leitura

Freud, S. (1918/1980). História de uma neurose infantil. In S. Freud, *Edição Standard Brasileira das Obras Psicológicas Completas de Sigmund Freud* (Vol. XVII). Imago.

Freud, S. (1924/1980) Neurose e psicose. In S. Freud, *Edição Standard Brasileira das Obras Psicológicas Completas de Sigmund Freud* (Vol. XIX). Imago.

Freud, S. (1925/1980). Algumas consequências psíquicas da distinção anatômica entre os sexos. In S. Freud, *Edição Standard Brasileira das Obras Psicológicas Completas de Sigmund Freud* (Vol. XIX). Imago.

Freud, S. (1938/1980). A divisão do ego no processo de defesa. In S. Freud, *Edição Standard Brasileira das Obras Psicológicas Completas de Sigmund Freud* (Vol. XXIII). Imago.

Penot, B. (1992). *Figuras da recusa: aquém do negativo.* Artes Médicas.

JULIET MITCHELL

39. O inconsciente e a sexualidade de Freud a partir de Juliet Mitchell

Marina Munis

A psicanálise, como disciplina que atravessa três séculos, vem passando por reformulações e constituindo diálogos com diversos campos do conhecimento, dentre eles os movimentos feministas. É no encontro com as reivindicações das mulheres que a disciplina freudiana reviu e modificou conceitos, especialmente aqueles que abordam a questão da diferença sexual e a formação da feminilidade e da masculinidade.

Destacando-se como uma das responsáveis pela efetivação do diálogo e das trocas entre psicanálise e movimentos feministas, há a autora inglesa Juliet Mitchell. Seu projeto apoia-se em uma defesa das teorias da feminilidade e da sexualidade cunhadas por Freud, diante de um contexto caracterizado por críticas severas de movimentos e pesquisadoras feministas aos postulados psicanalíticos considerados, de formas diversas, pouco fornecedores de ferramentas de libertação às mulheres e, mais do que isso, aprisionantes a condições de opressão.

Para a execução de tal projeto, Mitchell retoma pilares da teoria psicanalítica que acredita terem sido distorcidos pela leitura de algumas mulheres no contexto dos movimentos feministas: a ideia de inconsciente com leis próprias e de sexualidade cunhadas por Freud. Para Mitchell, parte das críticas a Freud recusa a estrutura intelectual da psicanálise e por isso ela acredita que, retomando esses dois conceitos, pode embasar as descrições freudianas da feminilidade e combater leituras que afirma serem baseadas na aplicação errônea desses conceitos. É a partir disso que a inglesa realiza uma análise da obra freudiana, revelando, porém, uma perspectiva particular e original de conceitos concebidos como centrais para a psicanálise.

Em relação ao inconsciente freudiano, a leitura que Mitchell faz aponta para uma separação radical com a realidade. A inglesa dá centralidade à noção de fantasia e do desejo inconsciente, afirmando que a realidade tem sua influência na medida em que deve ser adquirida pelos sujeitos, mas destacando que os processos que dominam o inconsciente são do âmbito da fantasia. Dessa forma, para Mitchell, os mecanismos da vida mental inconsciente e as leis do princípio do prazer são centrais nas descrições freudianas da feminilidade, pois elas tratam de como a feminilidade é vivida na mente e não podem ser levadas como literais.

Dessa forma, Mitchell reserva ao inconsciente freudiano um lugar radical de realidade psíquica, diferenciando-o da realidade material e destacando-o como um lugar que funciona a partir de suas leis próprias. Para ela, a originalidade da teorização de Freud e o que seria uma verdade psicanalítica existem de forma independente, quase que ultrapassando o contexto em que a teoria foi construída. A ruptura que Mitchell efetiva com a realidade social e histórica quando fala de inconsciente é explorada por ela em um exemplo, a alegação freudiana de que "para a mulher, o bebê é um substituto do pênis ausente" (Mitchell, 1979, p. 29). Sobre isso, a autora destaca que tal afirmação deve ser mantida no contexto dos mecanismos da vida mental inconsciente, e não no plano da realidade. Trata-se de uma substituição no âmbito da fantasia e revela um mecanismo de economia psíquica.

Assim, segundo ela, essa é uma das afirmações freudianas que põe em evidência aspectos cruciais da psicanálise: o recalcamento da pulsão, o desejo e a fantasia, que estão ausentes do realismo social das críticas feministas (Mitchell, 1979). No domínio da pulsão, a psicanálise, segundo ela, se ocupa de suas representações mentais, não dos processos fisiológicos que são sua fonte – ou seja, a experiência sensorial, que pode ser aproximada da realidade. Dessa forma, a partir da afirmação radical da fantasia como elemento central do inconsciente, Mitchell justifica outros aspectos que, segundo Freud, são reservados à feminilidade e foram alvo de críticas feministas, como a inveja do pênis, e produz avanços na compreensão da sexualidade das mulheres.

A substituição do pênis ausente pelo bebê para a mulher, atravessada pelo desejo e pelos mecanismos inconscientes, pode ser identificada no caso de J., mulher branca de 25 anos que engravidou enquanto atravessava um "casamento falido". Nele, não havia investimento por parte do marido e a criança ocupou para ela o lugar de quem salvaria o relacionamento. Aqui, podemos observar o caráter absoluto da fantasia inconsciente que imperou durante a gravidez, associada, por ela, como aquilo que poderia completar tanto a ela, que atravessava um caso grave de depressão, quanto ao casamento. Apesar disso, a realidade operava de outra forma, tanto com seus sintomas depressivos quanto com as falas do marido, que negava a possibilidade de reatar, mesmo com uma criança a caminho.

O suposto pênis, aqui do marido, seria, então, substituído pelo bebê, em uma busca pela completude. É claro, porém, como esses termos apontam para um caráter simbólico de algo que falta e não do órgão genital ou exclusivamente do corpo do bebê. Com a aproximação do feminismo, notamos as faltas da mulher, aliadas à recusa do marido, sempre associadas ao homem ou à maternidade. Porém, utilizando a lente de Mitchell quanto ao peso simbólico do bebê e do pênis, descobrimos pontos da subjetividade de J. que nos permitem compreender seus sintomas depressivos e a busca de manter o casamento por outras óticas.

Tratando do segundo pilar da psicanálise que Mitchell (1979) diz não ser considerado nas críticas feministas, abordaremos a questão da sexualidade, apresentada pela inglesa por duas óticas. No caso da primeira, a autora destaca a descoberta freudiana da sexualidade infantil, analisando que suas implicações foram impactantes para a compreensão da natureza da sexualidade de forma geral, que se aparta das relações sexuais interpessoais. Novamente, aqui, temos um exemplo no caso de J., em que a sexualidade não se restringe ao ato sexual, porém ao investimento libidinal do relacionamento.

A leitura de Mitchell da teoria da sexualidade de Freud é a de que ela não parte de uma sexualidade pronta e completa, mas que deve percorrer um caminho até assumir sua forma. Metaforiza que Freud analisou as fontes que formam um poço, estabelecendo que não há uma normalidade *a priori* nem um caminho certo a ser seguido; vários são os afluentes possíveis. A sexualidade freudiana é, na leitura de Mitchell, uma unidade complexa e não uma essência monística, ideia que parte da observação de Freud da sexualidade infantil, na qual tudo é perverso e unificado gradual e parcialmente.

A segunda ótica trata da retomada dos estágios sexuais infantis e das zonas erógenas postuladas por Freud. Mitchell realiza uma leitura na qual os estágios indicam o domínio inicial de uma zona erógena que, posteriormente, torna-se adormecida. Aponta com isso que o início de cada fase aborda uma perda de si mesmo seguida de uma nova consciência do outro e do eu enquanto o outro. Com isso, enquadra o sentido dos estágios em um contexto: a criança se esforçando para se descobrir e descobrir seu lugar no mundo e a falta como constante na passagem de um estágio para o outro, durante a qual algo é perdido. J., ao relatar sua infância, expressa um sentimento de ter tido o seio da mãe, como representante da fase oral, roubado pelo pai, o que lhe causou sofrimento, mas deu-lhe a ideia de que "para ter o amor de minha mãe e de um homem, ao mesmo tempo, eu não seria suficiente só". Novamente aparece o filho, como o mais-um para a completude.

Referências e indicações de leitura

Mitchell, J. (1967). Mulheres: a revolução mais longa. *Revista Civilização Brasileira*, (14), 5-41.

Mitchell, J. (1979). *Psicanálise e feminismo.* Interlivros.

Mitchell, J. (1988). Sobre Freud e a distinção entre os sexos. In J. Mitchell, *Psicanálise da sexualidade feminina.* Campus.

JEAN-CLAUDE ROLLAND

40. Interpretação analógica

Simone Grinapel Prais

Esse termo, de autoria de Jean-Claude Rolland, está intimamente ligado a outros três termos igualmente criados por ele: escuta analógica, terceira orelha, discurso interno do analista (DIA). Para ele, a psicanálise é a ciência da linguagem e, assim, construiu uma teoria e uma técnica baseadas na língua, na sua função de recalcar e de enunciar. O DIA é uma construção realizada com a terceira orelha que escutará a terceira língua, escutará as palavras nos seus significantes, e não nos seus significados. A interpretação analógica acontece a partir de uma trama do DIA que se desenvolve no analista ao escutar, com a terceira orelha, a terceira língua de seu analisando.

Os leitores poderão ver na ilustração clínica apresentada a estreita dependência dos movimentos da fala dos dois interlocutores (analista e analisando). Nesse par, a partir da "escuta-fala", serão construídos filamentos discursivos, representados pelos aparelhos psíquicos do par, que se ligarão, se penetrarão e se transformarão reciprocamente. O DIA e o discurso associativo do analisando são como fios, e tecendo esses fios o resultado será a possibilidade de mudanças dos significantes na trama. Para facilitar o entendimento do termo interpretação analógica, mesclarei a sessão clínica com a teoria e, para tal, utilizarei itálico para a sessão clínica.

Maria – Me atrasei dez minutos porque o estacionamento estava fechado. O prefeito decretou feriado em função da Copa do Mundo. Tive que esperar por uma vaga.

[DIA: Prefeito/ perfeito/ imperfeito

Copa do Mundo/ Vaga na Copa do Mundo]

Analista escutando os significantes das palavras, desenvelopando o "envelope *langagière*", renunciando o máximo possível à significação do discurso e centrando sua escuta sobre as palavras, ouvindo os jogos escondidos da fala.

(Maria deita-se no divã.)

M. – Sonhei hoje com a minha amiga juíza que me cobra muito, inclusive fica brava se eu não posso sair com ela. No sonho ela me liga brava perguntando: "Você sabe que dia é hoje?". Respondi que não sabia e ela, muito brava: "Hoje é o dia do meu aniversário de casamento".

[DIA: juíza/ prefeito/ juiz Copa do Mundo

Copa do Mundo/ casamento]

A interpretação analógica aproximará os significantes presentes no discurso do analisando que se desenvolvem independentes um do outro e que estão separados no espaço discursivo de uma sessão, testemunhando uma correspondência: quer os significantes sejam portadores de uma mesma tonalidade afetiva, quer evoquem um mesmo conteúdo representativo, quer evoquem formas mais sutis de correspondências, como uma oposição flagrante de dois termos, ou ainda, uma simples continuidade metonímica.

M. – Saí da sessão passada pensando na história da dor de cabeça do meu sobrinho lá na minha casa. Ele chamou minha cunhada para buscá-lo de madrugada e no dia seguinte meu irmão disse que a dor de cabeça era de fome porque ele não comeu nada na minha casa. Me senti horrível, me senti a pior tia do mundo. Mas, ele já tem dez anos, se ele estava com fome podia ter pedido comida para mim.

[DIA: Pior tia do mundo/ Copa do Mundo/ melhor time do mundo

Dez (minutos de atraso) / dez (anos de idade o sobrinho)

Fome/ home (casa da paciente)]

A escuta analógica tem a propriedade de reparar os significantes que sustentam as figuras abolidas. A escuta analógica, construindo o DIA, levará à interpretação analógica, que evidenciará o deslocamento edípico na transferência, e o deslocamento do objeto edípico para os substitutos do mundo externo.

Analista – O que o prefeito que decretou feriado na Copa do Mundo, a juíza do seu sonho que decretou você ser a pior amiga do mundo, tem a ver com seu irmão decretando você pior tia do mundo?

A interpretação analógica aproxima, por meio da escuta analógica e do DIA, o significante mundo (pior/melhor do mundo) e os objetos do deslocamento (prefeito/juíza/irmão).

M. – Por falar em pior do mundo... meu marido disse que massacrei minha mãe no telefone ontem. Achei um absurdo meus pais viajarem com a família da minha irmã mais velha durante uns dez dias sem ela me dar um telefonema. Eu disse para minha mãe: "Você gostaria que eu passasse tantos dias viajando sem te dar um telefonema?". Ela começou a chorar dizendo que o celular era da minha irmã, e eu disse que bastaria ela pedir emprestado o celular. Meu pai pegou o telefone e muito bravo disse que eu estava fazendo confusão por uma bobagem.

[DIA: dez dias (viagem)/dez minutos (atraso)/dez anos (idade do sobrinho)

Massacre da juíza/ massacre da Maria (com a mãe) / massacre do pai (com Maria)

Criar confusão por bobagem Maria/ sobrinho/ juíza]

A. – Interessante... Fazer confusão por uma bobagem parece ser o que você gostaria de dizer para o prefeito, para mim, por atender no feriado, para a juíza no seu sonho e para o seu sobrinho.

M. – Imagina eu dizer para meu irmão que o filho dele estava fazendo uma confusão à toa? Eu sempre morri de medo do meu irmão. Eu tinha que ser a boazinha. Antes de fazer análise eu achava que eu e meu pai éramos os bonzinhos, e meu irmão, minha irmã, minha mãe e meu marido eram os bravos e agressivos.

A interpretação analógica tem a propriedade de encontrar o link edípico no coração da analogia.

A. – Os bonzinhos massacrando. Papai massacrando você por você massacrar a mamãe, que fazem aniversário de casamento, como a juíza do seu sonho. Mamãe casada com o papai.

M. – Meu pai era bonzinho, mas na hora de proteger minha mãe, ele fica muito bravo se alguém a chatear.

A. – O melhor marido do mundo vira o pior pai do mundo, como você, a melhor irmã do mundo, vira a pior tia do mundo.

M. – Por falar no meu pai bravo, lembrei das viagens de carro da nossa infância, quando viajávamos para a nossa casa de campo. Era um terror. Minha irmã sentava do lado da janela, meu irmão na outra janela, e eu, pequenininha, no meio. A brincadeira deles era abrirem as pernas até eu ficar totalmente espremida, e quando eu gritava, meu pai, dirigindo, batia na gente, mas o tapa sempre pegava em mim primeiro.

[DIA: espremer (com as pernas) / massacrar]

A. – Ao massacrar sua mãe, você era seus irmãos massacrando você.

A técnica da escuta analógica levando à interpretação analógica propicia o analisando se encontrar com sua "bolsa arcaica" (outro termo criado por Rolland).

M. – Eu fui muito massacrada. Eles eram grandes e fortes. No fundo, acho que minha mãe tem razão, eu nasci na hora errada. Ela sempre disse que meu irmão era muito neném quando ela engravidou de mim, e que ficava com peninha dele porque só tinha 1 ano e meio quando eu nasci, então ela o deixava mamar no peito.

[DIA: Maria entrou na vaga-útero quando irmão tinha em torno de dez meses]

A. – Ao deixar seu sobrinho de dez anos de idade com fome, seria seu desejo de falar para sua mãe não ter peninha do seu irmão com dez meses, quando você ocupou uma casinha vaga dentro da mamãe, e não emprestar o peito da mamãe para o irmão mamar e você ficar com fome?

M. – Imagina?! Minha mãe dando o peito para meu irmão e, eu, bebezinha?! Devia ficar chorando.

As interpretações analógicas aproximam até aparecer a imagem escondida no discurso do analisando, e como a revelação fotográfica, ao revelar o negativo, aparece a imagem onde mora a dor ligada ao objeto edípico.

Referências e indicações de leitura

Rolland, J. C. (2017). *Antes de ser aquele que fala*. Blucher.

CHRISTOPHE DEJOURS

41. A subversão libidinal e a terceira tópica

Lilian Madalena Januário Carbone

No Brasil, Christophe Dejours é um pesquisador bastante conhecido no campo dos estudos sobre o trabalho, mas, infelizmente, nem tanto acerca de suas contribuições teóricas para a clínica psicanalítica e psicossomática, que, devo acrescentar, são valiosas.

É a partir da abordagem psicanalítica de pacientes que sofrem de doenças somáticas e do entendimento que o corpo estudado pela biologia e pela psicanálise não são os mesmos que o autor concebe a teoria da terceira tópica,[1] também conhecida por tópica da clivagem. Segundo Dejours (2019a), vivemos simultaneamente em dois corpos, respectivamente: o *corpo biológico*, proveniente do inato e submetido às leis das ciências naturais, e o *corpo erógeno*, adquirido, construído progressivamente a partir do primeiro e concernente aos desejos e ao mundo simbólico. As relações entre as funções fisiológicas e os processos psíquicos não são contínuas, nem definitivas. Ao contrário, devem ser construídas, reconstruídas e confirmadas por cada indivíduo no decorrer da vida.

---

[1] Vale ressaltar que Dejours não foi o único autor psicanalista a propor uma terceira tópica.

Ao nascer, o bebê humano vive no corpo regido por funções fisiológicas, de modo que a boca, por exemplo, cumpre sua função de nutrição. Ao mesmo tempo, nenhum bebê humano consegue sobreviver só, sempre haverá um adulto encarregado de alimentá-lo; essa situação antropológica fundamental (Laplanche, 2002/2015), que envolve o encontro de dois parceiros completamente desiguais, vai transformar para sempre a vida dessa criança. De um lado está o corpo do bebê, suas funções e necessidades, de outro está a mãe, seu funcionamento psíquico, sua sexualidade e suas fantasias inconscientes, ou seja, vivendo em seu duplo registro corporal. Desse encontro resulta uma forma peculiar de diálogo entre os dois.

O inconsciente materno vai deixar marcas na criança, até mesmo em seu corpo, instaurando a base da gênese da sexualidade. Da interação entre o corpo do bebê e a ação de seus pais sobre ele surge o outro corpo, o erógeno. Este se descola pouco a pouco do corpo biológico, emancipando-se das funções fisiológicas e de seus reflexos automáticos. A partir de então, a boca já não será mais apenas a boca que come, mas também aquela que suga, beija, morde e que mais tarde participa dos jogos sexuais.

O autor propõe chamar essa ação de *subversão libidinal*. "Da qualidade e da progressão desse processo dependeria o surgimento do corpo erógeno, que em nossa perspectiva, é também a origem da subjetividade, e o fundamento da experiência subjetiva e o lugar eletivo onde se vivencia a subjetividade em si" (Dejours, 2019b, p. 14).

Ora, essa influência mútua e dessimétrica comporta infinitas variações e particularidades. Cada dupla é única, assim como os diálogos que se estabelecem entre os parceiros; tais tramas complexas sempre comportam algum nível de falha de erotização ou mesmo de acidentes, que vão se traduzir nas formas de subjetivação e não subjetivação dos sujeitos, portanto, gerando diferentes formas de funcionamentos psíquicos, bem como diferentes patologias.

Freud (1900/1996, 1923/1996) propôs dois modelos de organização e funcionamento psíquico: a primeira tópica, relativa a inconsciente, pré-consciente e consciente; e a segunda tópica, relativa a id, ego e superego. Esses modelos de aparelho psíquico nos ajudam a pensar a clínica, a decifrar os eventos psíquicos em seus níveis tópico, econômico e dinâmico.[2] Mas existem ainda algumas configurações clínicas que não se ajustam bem a esses dois modelos. E foi pensando nessas configurações que Dejours propôs uma terceira tópica, na qual o inconsciente proposto por Freud na primeira tópica está clivado em dois: de um lado, o *inconsciente recalcado*, que se deixa conhecer nos sonhos, nos atos falhos e nos sintomas da clínica neurótica, e do outro, o *inconsciente amencial*, aquele cujos brotos se mostram sob a forma de violência na passagem ao ato em certas perversões, na crise evolutiva de uma doença somática e nas confusões mentais.

Para Dejours (2019a, 2019b) a sedução que os pais exercem sobre o corpo da criança, resultando na subversão libidinal das funções biológicas e na construção do corpo erógeno, diz respeito ao conteúdo do inconsciente sexual recalcado, que justamente se funda no recalque originário (Freud, 1915/1996). Já o inconsciente amencial é formado pela violência exercida pelos pais contra o pensamento da criança. "Quando a atividade de pensamento da criança, em resposta à sedução exercida pelo adulto sobre o corpo dela, desencadeia a violência do adulto, o pensamento da criança é interrompido. Sem pensamento, não pode haver recalque originário" (Dejours, 2019b, p. 84).

Justamente a área do inconsciente formada à margem do pensamento da criança, esta que Dejours chama de amencial na terceira tópica, é uma espécie de réplica, no aparelho psíquico, das partes

---

[2] Referência à metapsicologia desenvolvida por Freud para descrever a organização e o funcionamento do psiquismo.

do corpo que ficaram fora da subversão libidinal; foram o alvo da violência. Então, ao inconsciente amencial correspondem aquelas funções corporais que estão sob a regência da biologia, e não do desejo. Nas descompensações somáticas da clínica não neurótica, os sintomas não são relativos ao corpo erótico, não existe uma linguagem simbólica por trás deles. Ou seja, o adoecimento ocorre no corpo somático ligado a essas funções que não puderam se subverter.

Entretanto, não é apenas nas doenças somáticas que podemos reconhecer o inconsciente amencial, mas também nos atos violentos, conforme ilustrado na pequena vinheta clínica a seguir: Paulo, casado e pai de dois filhos, descreve aos prantos o pavor que sente quando o *monstro* desperta e se apodera de seu corpo e de sua cabeça. "Eu fico cego de fúria, é como se eu não pudesse mais responder por mim. Tenho medo do que posso fazer". Então, me descreve um incidente de trânsito, banal, mas que o levou a esmurrar o outro condutor, cujos pedidos de desculpa eram totalmente ignorados. Toda a cena se deu na frente da mulher e dos filhos, que, aterrorizados, tentavam contê-lo. Passada a fúria, veio a angústia que o trouxe para análise.

Concluindo, a terceira tópica de Dejours nos conta desse inconsciente clivado, composto em parte pela violência que não pode se expressar de forma simbólica. Com maior ou menor extensão, ele está presente em todos nós; todos carregamos falhas da subversão libidinal. Nessa concepção, nenhuma organização psíquica está totalmente protegida das somatizações, ou das atuações que escapam à intermediação do pensamento. Ao analista cabe ter disposição para a escuta não só do desejo inconsciente, mas também da violência que jaz no inconsciente amencial.

Referências e indicações de leitura

Dejours, C. (2019a). *Primeiro, o corpo: corpo biológico, corpo erótico e senso moral*. Dublinense.

Dejours, C. (2019b). *Psicossomática e teoria do corpo*. Blucher.

Freud, S. (1900/1996). A interpretação dos Sonhos. In S. Freud, *Edição Standard Brasileira das Obras Psicológicas Completas de Sigmund Freud* (Vol. IV-V). Imago.

Freud, S. (1915/1996). Recalque. In S. Freud, *Edição Standard Brasileira das Obras Psicológicas Completas de Sigmund Freud* (Vol. XIV). Imago.

Freud, S. (1923/1996). O ego e o id. In S. Freud, *Edição Standard Brasileira das Obras Psicológicas Completas de Sigmund Freud* (Vol. XIX). Imago.

Laplanche, J. (2002/2015). A partir da situação antropológica fundamental. In J. Laplanche, *Sexual: a sexualidade ampliada no sentido freudiano – 2000-2006* (pp. 103-115). Dublinense.

NANCY CHODOROW

42. A reprodução da maternidade

Mariana Rúbia Gonçalves dos Santos
Jhonatan Jeison de Miranda
Fábio Belo

Ao se propor a explicar as bases psíquicas da reprodução da maternidade pelas mulheres, Nancy Chodorow tornou-se uma das mais influentes teóricas das relações objetais que promoveram o diálogo psicanálise-feminismo. Partindo de ideias aceitas no campo das relações objetais, como a de que "as bases para a parentalidade são construídas em ambos os gêneros nas relações iniciais com o cuidador primário" (Chodorow, 1978, p. 206), a autora questiona: por que, estando essa capacidade presente em homens e mulheres, analistas assumem que mulheres maternarão e homens não?

Para Chodorow (1978), o fato de as crianças nas sociedades ocidentais industrializadas serem, em sua maioria, cuidadas por mulheres traria implicações profundas para a constituição psíquica de meninos e meninas, com reflexos nos períodos pré-edípico, edípico e na vida adulta. As marcações de sexo-gênero e a subjetividade materna exerceriam aqui uma forte influência: para a autora, ainda no período pré-edípico, as mães tenderiam a ver as meninas como semelhantes a si, estabelecendo com elas um senso de continuidade, e os meninos como diferentes de si, o que obstaculizaria o prolongamento da identificação mãe-filho.

Por manterem por mais tempo o vínculo pré-edípico com a mãe, o *self* das meninas tenderia a ser experimentado e definido como estando em continuidade com os outros, o que as tornaria mais abertas a questões envolvendo relacionamento, intimidade e afetividade. Já os meninos, por terem sido, desde muito cedo, tratados por suas mães como opostos e pela necessidade de repressão do vínculo primário para se constituírem enquanto homens, experienciam seu *self* enquanto separado e distinto dos outros, reprimindo necessidades afetivas.

Com a entrada no Édipo, tomando por base a heterossexualidade, o menino manteria sua escolha de objeto primário, a mãe, enquanto a menina precisaria mudar sua escolha de objeto inicial para o pai. Chodorow (1978) nos informa, porém, que o movimento realizado pela menina não seria o de substituição, mas o de adição: ela redirecionaria parte de seu investimento libidinal para o pai, de modo a torná-lo um importante objeto de amor, ao mesmo tempo que reteria o vínculo inicial com a mãe. Nesse sentido, a base relacional do menino seria dual, enquanto a da menina, triangular, o que traria importantes implicações para a vida adulta, como as contradições presentes nos relacionamentos heterossexuais.

Para a autora, tanto homens quanto mulheres buscam recriar em seus relacionamentos amorosos a união física e emocional do vínculo primário com a mãe. Por saírem do Édipo com uma base relacional dual, para um homem, o relacionamento heterossexual seria suficiente para recriar a intensidade e a exclusividade da relação primária. Já com as mulheres não aconteceria o mesmo, tanto por sua base relacional triangular quanto pelas dificuldades afetivas dos parceiros. Ter um filho surge então como possibilidade de recriar essa experiência inicial, completando a base relacional da mulher. O que, por sua vez, completaria o ciclo da reprodução da maternidade.

A existência de outros arranjos para as relações estabelecidas no início da vida chega a ser reconhecida pela autora em trabalhos posteriores (Chodorow, 2011). No entanto, a teoria da reprodução da maternidade nos ajuda a entender aspectos importantes da clínica, como as especificidades do vínculo mãe-filha, ao permitir a escuta de uma capacidade relacional e de um universo psíquico mais ricos (fornecendo uma alternativa a modelos teóricos que dispensam às mulheres lugar inferior e negativo: castrada, não homem etc.), bem como de dificuldades particulares. Segundo a autora,

> *os padrões de fusão, projeção, extensão narcísica e a negação da separação... são mais prováveis de acontecer na relação primária entre mãe e filha... [Nesses casos,] a mãe não reconhece ou nega a existência da filha como uma pessoa separada e a filha então vem a não reconhecer ou ter dificuldade de reconhecer a si mesma como uma pessoa separada... da sua mãe, em particular, e, mais tarde, do mundo em geral (Chodorow, 1978, p. 103).*

A análise de Chodorow (1978) das dificuldades enfrentadas pelas filhas em sua individuação e autoafirmação muito nos auxiliou na condução do seguinte caso: Clara, uma jovem adulta, chega à análise queixando-se de baixa autoestima. Apesar de ter alcançado conquistas importantes por meio de seu trabalho, sentia-se fracassada por ainda morar com a mãe. Essa separação, tema frequente em suas sessões, era a um só tempo temida e ansiada. Parte dela, contava Clara, havia sido obtida com a independência financeira, o que lhe trazia satisfação, por outro lado, porém, se angustiava com a possibilidade de que uma separação mais definitiva pudesse ser vivida pela mãe como um abandono.

Essa fantasia parecia encontrar ressonâncias na realidade. A mãe de Clara, que havia vivido a separação do marido como um abandono e que possuía traços depressivos importantes, fazia constantes ataques ao narcisismo da filha, bem como convites explícitos para minar suas tentativas de individuação: "Você não nasceu para trabalhar, é melhor ficar em casa"; "Nunca pensei que você fosse se sujeitar a morar em um lugar como esse".

No início das sessões, Clara lia o conflito em separar-se da mãe como uma questão puramente física, que girava em torno de sair ou não sair de casa. Com o decorrer da análise, porém, tornou-se perceptível para ela como a dificuldade em separar-se dizia respeito a questões psíquicas mais estruturais, remetendo à dificuldade geral no estabelecimento de fronteiras em relação aos outros e dificultando, inclusive, que ela pudesse dizer ou saber sobre si. Essas fronteiras pouco constituídas tornavam Clara altamente permeável a críticas, bem como às mais sutis sugestões de como deveria conduzir os diferentes aspectos de sua vida, e como consequência, transformava suas relações interpessoais em fontes maciças e constantes de angústia. Situações cotidianas em que era preciso se posicionar ou contribuir com algo de si, como uma conversa com os chefes, também geravam muita angústia, levando-a a recorrer a ansiolíticos para enfrentá-las.

O trabalho com Clara caminhou no sentido de possibilitar o estabelecimento de limites mais bem definidos entre o que pertencia a ela e o que pertencia à mãe. Aos poucos, ela se tornou capaz de reconhecer que tomava as opiniões da mãe para si sem questionar ou tentar experimentar as coisas por si mesma. Pôde então começar a viver e dizer em análise sobre atividades cotidianas que lhe eram prazerosas, sem se preocupar tanto em como deveria parecer aos olhos dos outros. Buscou por um novo emprego, em outra cidade, o que lhe permitiu sair da casa da mãe de forma menos conflitiva. Nesse cenário, começou a se posicionar mais, tanto em relação aos novos chefes quanto ao afirmar que não via sentido em seguir um caminho profissional semelhante ao das amigas. Quando encerramos seu processo analítico, alguns conflitos com a mãe persistiam, mas, agora, com fronteiras egoicas mais bem estabelecidas e com um sentido de eu mais sólido, Clara já era capaz de fazer frente tanto à mãe quanto aos outros.

Referências e indicações de leitura

Chodorow, N. (1978). *The reproduction of mothering: psychoanalysis and the sociology of gender.* University of California Press.

Chodorow, N. (2011). *Individualizing gender and sexuality: theory and practice.* Routledge.

Santos, M. R. G., Miranda, J. J., & Belo, F. R. R. (2020). Idealizações e prescrições psicanalíticas acerca da maternidade em Chodorow: um debate atual. *Psicologia: Ciência e Profissão, 40*, 1-14.

Sobre os autores

Adriana Barbosa Pereira – Psicóloga pela Universidade Federal de Minas Gerais (UFMG), psicanalista, professora da Pontifícia Universidade Católica de São Paulo (PUC-SP), mestre e doutora pelo Instituto de Psicologia da Universidade de São Paulo (IPUSP). Membro do Grupo Brasileiro de Pesquisas Sándor Ferenczi (GBPSF). Organizadora do livro *Sonhar, figurar o terror, sustentar o desejo* junto com Nelson Coelho Junior (Ed. Zagodoni, 2021).

Adriana de Camargo Andrade Omati – Psicóloga e psicanalista clínica, membro do Departamento de Psicanálise do Instituto Sedes Sapientiae, com mestrado em Psicologia Clínica e graduação em Psicologia pela Pontifícia Universidade Católica de São Paulo (PUC-SP). Especializada em Psicopatologia e Saúde Pública pela Universidade de São Paulo (USP) e formada em Acompanhamento Terapêutico pelo Instituto A Casa.

Ana Maria Stucchi Vannucchi – Psicóloga e mestre em Psicologia Social pela Universidade de São Paulo (USP) e psicanalista. Membro efetivo e analista didata pela Sociedade Brasileira de Psicanálise de São Paulo (SBPSP) e coordenadora de seminários no Instituto Durval Marcondes da SBPSP.

Angélica Bastos – Psicanalista e professora do Programa de Pós-Graduação em Teoria Psicanalítica da Universidade Federal do Rio de Janeiro (UFRJ). Membro da Escola Brasileira de Psicanálise (EBP) e da Associação Mundial de Psicanálise (AMP). Possui doutorado em Psicologia Clínica pela Pontifícia Universidade Católica de São Paulo (PUC-SP) e pós-doutorado pela Université de Paris 8.

Bárbara Taveira Fleury Curado – Psicanalista e escritora. Doutora em Psicologia Clínica e Cultura pela Universidade de Brasília (UNB), com doutorado-sanduíche na Université de Paris 3. Autora de *Ensaios de uma psicanálise* (Dialética, 2022).

Berta Hoffmann Azevedo – Psicóloga, psicanalista, mestre em Psicologia Clínica pela Pontifícia Universidade Católica de São Paulo (PUC-SP). Membro efetivo e docente da Sociedade Brasileira de Psicanálise de São Paulo (SBPSP) e editora do *Jornal de Psicanálise*. Autora de diversos artigos e do livro *Crise pseudoepiléptica* (Coleção Clínica Psicanalítica, Casa do Psicólogo, 2011).

Bruna Paola Zerbinatti – Pós-doutoranda do Instituto de Psicologia da Universidade de São Paulo (IPUSP), membro associado à Sociedade Brasileira de Psicanálise de São Paulo (SBPSP) e membro do grupo de pesquisas Psicanálise Experimental.

Camila Junqueira – Psicanalista, doutora e pós-doutora pelo Instituto de Psicologia da Universidade de São Paulo (IPUSP). Membro do Departamento de Psicanálise do Instituto Sedes Sapientiae e coordenadora e professora do Curso de Extensão Cultural sobre Problemáticas Alimentares nesse mesmo instituto. Autora de diversos textos, entre eles o livro *Metapsicologia dos limites* (Blucher, 2019).

Camila Saboia - Psicóloga, psicanalista, doutora pela Université de Paris 7 e pós-doutora pelo Instituto de Psicologia da Universidade de São Paulo (IPUSP). Professora convidada da pós-graduação do IPUSP e docente do Instituto Sedes Sapientiae. Fundadora e membro do Entrelace - Psicanálise & Infância.

Carla Braz Metzner - Psicóloga clínica e psicanalista pelo Instituto Sedes Sapientiae e membro do Departamento de Psicanálise do mesmo instituto. Mestre em Psicologia Clínica pela Pontifícia Universidade Católica de São Paulo (PUC-SP). Membro do Entrelace - Psicanálise & Infância e do Grupo Brasileiro de Pesquisas Sándor Ferenczi (GBPSF).

Cassandra Pereira França - Doutora e pós-doutora em Psicologia Clínica pela Pontifícia Universidade Católica de São Paulo (PUC-SP). Professora titular da Universidade Federal de Minas Gerais (UFMG) e coordenadora do Núcleo de Pesquisas Cavas/UFMG: Estudos psicanalíticos sobre violência sexual contra crianças e adolescentes. Membro do Grupo Brasileiro de Pesquisas Sándor Ferenczi (GBPSF).

David Borges Florsheim - Graduado em Psicologia pela Pontifícia Universidade Católica de São Paulo (PUC-SP) e em Ciências Sociais pela Universidade de São Paulo (USP). Especializado em Psicologia da Saúde e em Psicoterapia Psicodinâmica dos Transtornos de Personalidade pela Escola Paulista de Medicina da Universidade Federal de São Paulo (EPM-Unifesp). Mestre em Psicologia Clínica pela PUC-SP e doutor em Psicologia Experimental pelo Instituto de Psicologia da USP (IPUSP).

Eurema Gallo de Moraes - Psicanalista, psicóloga e doutora em Psicanálise pela Universidad Autónoma de Madrid. Fundadora, membro pleno, supervisora e coordenadora de seminários da Sigmund Freud Associação Psicanalítica (Porto Alegre).

Fábio Belo – Professor de Psicanálise na Universidade Federal de Minas Gerais (UFMG), psicanalista, autor de diversos livros e artigos. Coordena o projeto de extensão "Conversas virtuais sobre Psicanálise".

Fernanda Barcellos Serralta – Psicóloga e psicoterapeuta. Especialista em Psicologia Clínica pelo Conselho Federal de Psicologia (CFP), mestre em Psicologia Clínica pela Pontifícia Universidade Católica do Rio Grande do Sul (PUCRS) e doutora em Psiquiatria pela Universidade Federal do Rio Grande do Sul (UFRGS). Membro convidado do ESIPP – Estudos Integrados em Psicoterapia Psicanalítica.

Gina Tamburrino – Psicanalista, doutora pela Pontifícia Universidade Católica de São Paulo (PUC-SP), professora do Instituto Sedes Sapientiae e autora de diversos livros e artigos psicanalíticos.

Isabel Cristina Gomes – Psicóloga, livre-docente e professora titular do Departamento de Psicologia Clínica do Instituto de Psicologia da Universidade de São Paulo (IPUSP). Membro da Associação Internacional de Psicanálise de Casal e Família (AIPCF) e da Associação Brasileira de Psicanálise de Casal e Família (ABPCF).

Jhonatan Jeison de Miranda – Psicólogo pela Universidade Federal de Minas Gerais (UFMG), psicanalista e mestre em Psicologia pela UFMG.

Laerte de Paula – Psicanalista e escritor, mestre em Psicologia Clínica pela Pontifícia Universidade Católica de São Paulo (PUC-SP) e membro pesquisador do Instituto VOX de Pesquisa em Psicanálise.

Lilian Madalena Januário Carbone – Psicóloga e psicanalista. Doutoranda e mestre em Psicologia pelo Instituto de Psicologia da Universidade de São Paulo (IPUSP). Membro dos Departamentos de Psicanálise e Psicossomática Psicanalítica do Instituto Sedes Sapientiae e da Memory Studies Association. Coordenadora e professora da Especialização em Psicossomática Psicanalítica do Instituto Sedes Sapientiae.

Maíra Humberto Peixeiro – Psicanalista com mestrado em Pesquisa na Université de Paris 7. Coordenadora e supervisora da Tempo – Clínica e Cuidado no Envelhecimento e membro da equipe da Projetos Terapêuticos. Autora de artigos em cursos de psicanálise e acompanhamento terapêutico.

Marcia Regina Bozon de Campos – Psicanalista e membro do Departamento de Psicanálise do Instituto Sedes Sapientiae, onde coordena o grupo "Winnicott: leituras e reflexões" e integra o Conselho Editorial da revista *Percurso*. Doutoranda no Instituto de Psicologia da Universidade de São Paulo (IPUSP) e coordenadora do curso de aperfeiçoamento "O corpo na clínica", também no Instituto Sedes.

Maria Cecília Pereira da Silva – Psicanalista, membro efetivo, analista didata, analista de criança e adolescente e docente da Sociedade Brasileira de Psicanálise de São Paulo (SBPSP). Pós-doutora e doutora em Psicologia Clínica pela Pontifícia Universidade Católica de São Paulo (PUC-SP). Especialista em Psicopatologia do Bebê pela Université de Paris 13.

Mariana Rúbia Gonçalves dos Santos – Psicóloga pela Universidade Federal de Minas Gerais (UFMG), psicanalista e mestre em Psicologia pela UFMG.

Mariângela Mendes de Almeida – Psicanalista e membro associado da Sociedade Brasileira de Psicanálise de São Paulo (SBPSP). Mestre pela Tavistock Clinic e pela University of East London. Doutora pela Universidade Federal de São Paulo (Unifesp), e coordenadora do Núcleo de Atendimento Pais-Bebês do Setor de Saúde Mental da Pediatria desta instituição. Docente do Instituto Sedes Sapientiae e membro do Grupo PRISMA de Psicanálise e Autismo, da Rede

Internacional de Estudos de Psicanálise e Psicopatologia do Infans (RIEPPi), da Coordenação Internacional entre Psicoterapeutas Psicanalistas e membros associados que se ocupam de pessoas autistas (CIPPA), da Associação Latino-americana de Observadores de Bebês, Método Bick (ALOBB) e do *International Symposium for Psychoanalytic Research on Autistic Disorders* (INSPIRA).

Marianna Tamborindeguy de Oliveira – Psicanalista, especialista em Clínica Psicanalítica pelo Instituto de Psiquiatria da Universidade Federal do Rio de Janeiro (IPUB/UFRJ) e mestre em Psicologia Clínica pela Pontifícia Universidade Católica do Rio de Janeiro (PUC-Rio).

Marina Ferreira da Rosa Ribeiro – Psicanalista, professora doutora do Instituto de Psicologia da Universidade de São Paulo (IPUSP), coordenadora do Laboratório Interinstitucional de Estudos da Intersubjetividade e Psicanálise Contemporânea (LIPSIC), da USP, e autora de diversos livros e artigos psicanalíticos.

Marina Munis – Psicóloga graduada pela Pontifícia Universidade Católica de São Paulo (PUC-SP) e residente do Programa de Saúde Mental do Instituto de Saúde Coletiva da Universidade de Campinas (Unicamp).

Martina Dall'Igna de Oliveira – Psicanalista, membro efetivo da Sigmund Freud Associação Psicanalítica, mestre em Psicanálise: Clínica e Cultura pela Universidade Federal do Rio Grande do Sul (UFRGS) e graduada em Psicologia pela Pontifícia Universidade Católica do Rio Grande do Sul (PUCRS).

Monah Winograd – Psicanalista, doutora em Teoria Psicanalítica pela Universidade Federal do Rio de Janeiro (UFRJ) e professora associada do Programa de Pós-Graduação em Psicologia Clínica da Pontifícia Universidade Católica do Rio de Janeiro (PUC-Rio).

Mônica Medeiros Kother Macedo – Psicanalista, psicóloga e doutora em Psicologia pela Pontifícia Universidade Católica do Rio Grande do Sul (PUCRS). Bolsista Produtividade em Pesquisa do CNPq – Nível 1D. Professora do Programa de Pós-Graduação em Psicanálise: Clínica e Cultura da Universidade Federal do Rio Grande do Sul (UFRGS).

Pablo Castanho – Professor do Departamento de Psicologia Clínica do Instituto de Psicologia da Universidade de São Paulo (IPUSP) e membro do Núcleo de Estudos em Saúde Mental e Psicanálise das Configurações Vinculares (NESME).

Paulo José Carvalho da Silva – Psicanalista, doutor em Psicologia pela Universidade de São Paulo (USP), em colaboração com a Universidade de Roma e a Escola de Altos Estudos em Ciências Sociais de Paris, onde já atuou como professor convidado. Professor do curso de Psicologia da Pontifícia Universidade Católica de São Paulo (PUC-SP).

Ricardo Cavalcante – Sociólogo, psicanalista, mestre e doutorando em Psicologia Clínica pela Pontifícia Universidade Católica de São Paulo (PUC-SP). Pesquisador do grupo de extensão Clínicas Sociais, Psicanálise e Filosofia da Universidade Federal de São Paulo (Unifesp) e professor do curso Sujeitos da Psicanálise na PUC-SP. Cofundador e psicanalista da Clínica Aberta de Psicanálise na Casa do Povo.

Rita de Cássia dos Santos Canabarro – Psicóloga, especialista em Problemas do Desenvolvimento na Infância e Adolescência – Abordagem Interdisciplinar pelo Centro Lydia Coriat e mestre em Psicologia Social e Institucional pela Universidade Federal do Rio Grande do Sul (UFRGS). Atua como psicóloga na UFRGS e em consultório particular.

Rony Natale – Psicanalista e doutorando no Programa de Pós-Graduação em Psicologia Clínica da Pontifícia Universidade Católica do Rio de Janeiro (PUC-Rio).

Ruth Gelehrter da Costa Lopes – Psicóloga, mestre em Psicologia Social pela Pontifícia Universidade Católica de São Paulo (PUC-SP) e doutora em Saúde Pública pela Universidade de São Paulo (USP). Professora do curso de Psicologia, supervisora da Clínica Psicológica "Ana Maria Poppovic" e líder do Núcleo de Estudo e Pesquisa do Envelhecimento na PUC-SP. Membro da Red Interdisciplinaria de Psicogerontología (REDIP).

Simone Grinapel Prais – Psiquiatra formada pela Universidade Federal do Rio de Janeiro (UFRJ) em 1984. Membro didata da Sociedade Brasileira de Psicanálise do Rio de Janeiro (SBPRJ). Coautora do livro *Atendimento psicanalítico de gêmeos* (Zagodoni, 2018). Criadora/professora do curso Pensamento de Jean-Claude Rolland do Instituto da SBPRJ.

Simone Kelly Niklis Guidugli – Psicóloga pela Universidade Presbiteriana Mackenzie, mestre e doutora em Ciências pelo Instituto de Psicologia da Universidade de São Paulo (IPUSP). Psicanalista winnicottiana em formação pelo Instituto Brasileiro de Psicanálise Winnicottiana (IBPW). Especialista em Psicologia Hospitalar (Instituto do Coração) e Perinatal (Instituto Gerar). Sócia fundadora da Curae Psicologia. Atua nas áreas clínica e da saúde. Docente e supervisora clínica.

Valeria Barbieri – Psicóloga clínica, professora associada sênior da Universidade de São Paulo (USP) e especialista em Teorias e Técnicas Psicanalíticas pelo Instituto de Estudos Psicanalíticos de Ribeirão Preto (IEP-RP). Tem mestrado e doutorado em Psicologia Clínica pelo Instituto de Psicologia da USP (IPUSP) e pós-doutorado em Psicanálise e Psicologia Clínica pela Université de Paris 7.

GRÁFICA PAYM
Tel. [11] 4392-3344
paym@graficapaym.com.br